$\Delta\ \infty\ \pi\ \sqrt{}\ \Sigma\ \approx\ \geq$

Schulaufgaben

von bayerischen Gymnasien

Mathematik 7

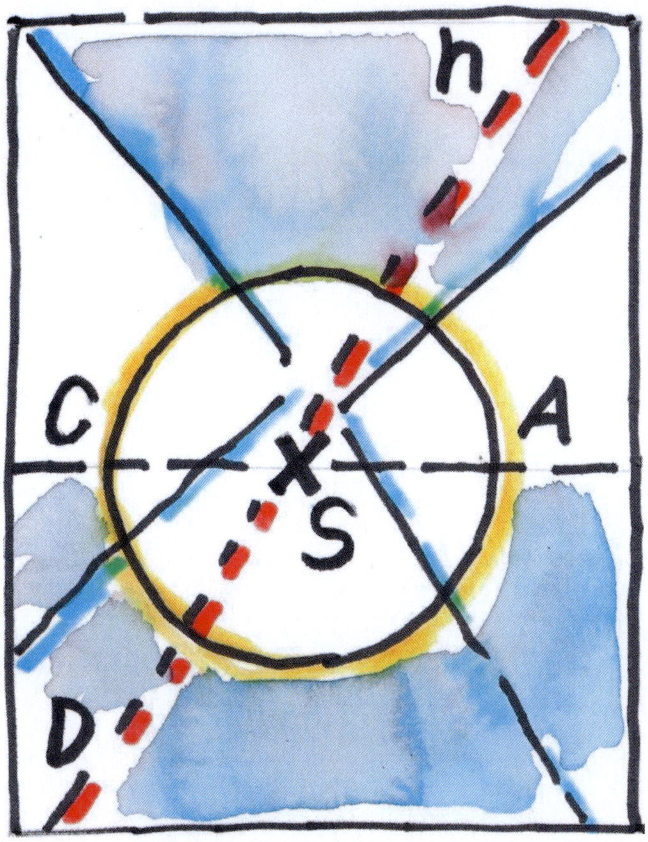

mit Lösungen

DURCHBLICKER Lernstudio Arndt

Vorwort

Liebe Schüler, liebe Eltern,

Seit der G8-Reform zur Verkürzung der Schulzeit ist die Schulmathematik kompakter geworden, ohne dass dabei der Lehrinhalt sinnvoll gekürzt wurde. Diese

Schulaufgaben von bayerischen Gymnasien

Mathematik 7

zeigen, welche Aufgabentypen und welcher Schwierigkeitsgrad im G8-Gymnasium in der 7. Klasse verlangt werden. Ein großer Teil der Aufgaben habe ich als Mathematiklehrer an bayerischen Schulen selber entworfen. Schulaufgaben von Nachhilfeschülern unseres ***Durchblicker Lernstudio Arndt*** bilden die Grundlage der Aufgaben in diesem Buch. Wer diese Schulaufgaben konsequent durcharbeitet, dem sind bessere Noten sicher. Durch Übung kommt jeder Schüler zum Erfolg.

In der 7. Jahrgangsstufe wird an früher behandelte Themen angeknüpft. Diese werden auf höherem Abstraktionsniveau weitergeführt, wobei das Begründen von Zusammenhängen an Bedeutung gewinnt und das analytische Denken der Schüler stärker gefordert wird. In den 5. und 6. Jahrgangsstufen wurden wesentliche Aspekte der Arithmetik erarbeitet. Diese wird nun vertieft und in der stärker formalisierenden Algebra weitergeführt.

In der 7. Klasse werden vier Schulaufgaben geschrieben. In diesem Band sind acht typische Schulaufgaben, jeweils zwei Schulaufgaben bzgl. dem 1., dem 2., dem 3. und dem 4. „Großen Leistungstest" ausgewählt. Diese entsprechen dem hohen Niveau aus Gymnasien von Bayern, die so ähnlich gestellt worden sind. Sie spiegeln den gesamten Lernstoff der 7. Jahrgangsstufe wider.

Die Hinweise in den Lösungen sind die absoluten Insidertipps eines Mathelehrers.

Es zeigt sich immer mehr, dass bestimmte Aufgabentypen sich in Schulaufgaben wiederholen. Wenn wir feststellen, dass ein Aufgabentyp nicht mehr aktuell ist, wird er sofort durch einen neuen G8-typischen ersetzt. Somit haben Sie immer die aktuellsten Aufgaben aus bayerischen Gymnasien.

Die mit ✔ gekennzeichneten Aufgaben haben sich als G8-Standardaufgaben herauskristallisiert, d.h. solche Aufgaben werden fast in jedem Gymnasium in einer Schulaufgabe gestellt. Zu jeder Schulaufgabe habe ich eine persönliche Einschätzung abgegeben. Bitte entschuldigen Sie eventuelle persönliche Äußerungen, die so nicht in gängigen Lernhilfen zu finden sind. Aber die Tatsache, dass das G8 bzgl. des Lehrstoffs noch vollkommen überfrachtet ist und die Aufgaben teilweise sehr schwer gestellt werden, sollte öffentlich gemacht werden.

Zum Notenschlüssel: Strenge Lehrer verlangen bei Schulaufgaben das Erreichen von mindestens 50 Prozent der Punkte, um die Note 4 zu erhalten.

Mein Ziel ist es, die Motivation und Kreativität aller Jugendlichen beim Lösen von Aufgaben zu fördern. Dazu biete ich die ausführliche Lösung der Aufgabenstellung an mit Hintergrundinformationen und detaillierter Beschreibung des Lösungsweges.

Ihr Mathetrainer Claus Arndt

Claus Arndt (Dipl.-Mathematiker), derzeit Leiter eines Lernstudios, arbeitete als Mathelehrer an einer Realschule und unterrichtet an einem Münchner Gymnasium die Oberstufe. Als Bildungstrainer und Matheprofi erklärt er mit seinem pädagogischen Können den Lernstoff jeder Altersklasse sehr anschaulich und entwickelt aus dem Stegreif eigene praxisbezogene „Testschulaufgaben" zum Trainieren. Er weckt die Neugier der Schüler auf die Rätselwelt der Zahlen und stößt ihnen damit eine Tür zur Mathematik auf. Zudem bringt er seine Erfahrungen aus der freien Wirtschaft mit ein.
www.durchblicker.org

Titelbild: Heinrich Schmid, Überlingen am Ried / Singen am Hohentwiel

ISBN: 978-3-00-034064-2

9 783000 340642

Inhaltsangabe

Schulaufgaben aus dem Lehrstoff der Klasse 7 (G8) in Bayern

Schulaufgaben 3

Schwerpunkt *Gleichungen* und *Diagramme und Prozentrechnung*

Schulaufgabe 3.1

- Abbilden von Umfragen auf Kreisdiagramme
- Prozentrechnung
- Gleichungen
- Textaufgaben
- Altersaufgaben
- Zinsrechnung
- Mittelwert berechnen

Schulaufgabe 3.2

- Gleichung lösen
- Gleichungen geschickt lösen
- Mischungsaufgabe
- Prozentrechnung anhand geometrischer Aufgaben
- Zinsrechnung
- Gleichung aufstellen und lösen für Zahlenrätsel

Schulaufgaben 4

Schwerpunkt *Kongruenz und Dreiecke* und *Besondere Linien im Dreieck*

Schulaufgabe 4.1

- Interpretieren von Graphen
- Höhen-Winkelhalbierende - Mittelsenkrechte im Dreieck
- Dreiecksungleichung
- Konstruktionen von Dreiecken
- Kongruente Dreiecke - Übereinstimmung
  - in allen drei Seiten (SSS)
  - in einer Seite und zwei gleichliegenden Winkeln (WSW bzw. SWW)
  - in zwei Seiten und dem eingeschlossenen Winkel (SWS) und
  - in zwei Seiten und dem Gegenwinkel der größeren Seite (SSW)

Schulaufgabe 4.2

- Besondere Dreiecke - gleichschenklig, rechtwinklig, stumpfe
- Konstruktion einer Winkelhalbierenden
- Konstruktion eines Dreiecks mit besonderen Linien
- Kongruenz von Dreiecken
- Konstruierbarkeit von Dreiecken
- Satz von Thales

Was
sind
Stufenwinkel

Welche Vierecke
sind
achsensymmetrisch
und
welche sind
punktsymmetrisch

Was gibt's im
„Haus der
Vierecke"

Die Summe
der Innenwinkel
in einem Dreieck
beträgt 180^0

Schulaufgaben 1

Wie groß ist
die Summe der
Winkel in einem
n-Eck

Konstruktion
von
Lot und Parallele

Zeichne
Winkelhalbierende
und
Mittelsenkrechte

1. Schulaufgabe aus der Mathematik

Aufgabe 1

Zeichne in unten stehende Quadrate jeweils zwei Punkte (keine Eckpunkte) des Randes und verbinde diese so, dass eine Figur entsteht, die folgende Eigenschaft hat:

a) punkt- und achsensymmetrisch

b) punkt-, aber nicht achsensymmetrisch

c) achsen-, aber nicht punktsymmetrisch

d) weder punkt- noch achsensymmetrisch

Aufgabe 2

Entscheide jeweils, ob die Aussage richtig oder falsch ist. Gib bei falschen Aussagen ein Gegenbeispiel (z.B. mit einer Zeichnung an)

	Aussage	richtig	falsch
a)	Jedes Rechteck ist ein Quadrat		
b)	Jedes Quadrat ist ein Parallelogramm		
c)	Jede Raute ist ein Drachen		
d)	Jedes Trapez ist ein Rechteck		
e)	Es kann keine Raute geben, die auch ein Rechteck ist		

Aufgabe 3

a) Zeichne auf einem extra Blatt ein Fünfeck ABCDE mit verschieden langen Seiten und drei rechten Winkeln bei A, B und D.

b) Konstruiere das Lot von D auf AB.

c) Zeichne die Parallele zu DE durch A.

Aufgabe 4

a) Zeichne zwei Geraden g und h, die sich unter einem Winkel der Größe 60° im Punkt S schneiden.

b) Konstruiere alle Punkte, die einen größeren Abstand von g als von h haben. Schraffiere diese Punktmenge in der Zeichnung.

c) Beschreibe die Punktmenge aus b) in der Form $M_1 = \{x ... \}$.

d) Ergänze die Zeichnung durch alle Punkte, die auf g oder h liegen und von S den Abstand 3,0 cm haben. Kennzeichne die Punkte mit Großbuchstaben.

e) Beschreibe auch diese Punktmenge aus d) in der Form $M_2 = \{x| ... \}$.

Aufgabe 5
In der nicht maßstabsgetreuen Figur gilt:
g || h und n || m. Weiter sind die Winkel 45° und 120°.
Berechne die Winkelgrößen α, β, γ, δ und ε.

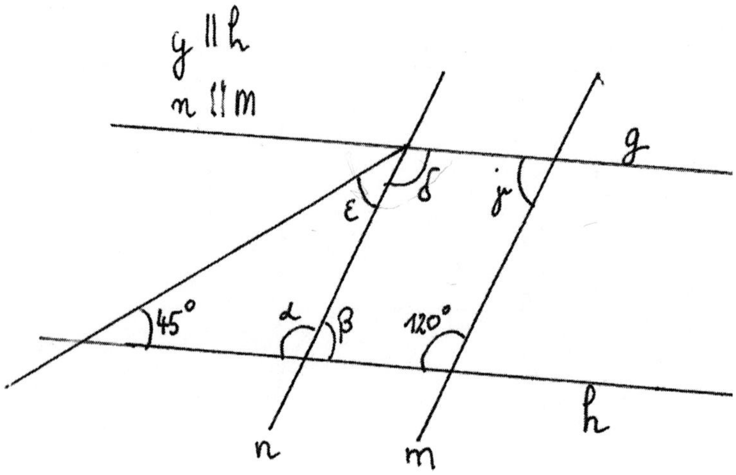

Viel Erfolg!

mögliche Punkteverteilung

Aufgabe	1a	1b	1c	1d	2a	2b	2c	2d	2e	3a	3b	3c	4a	4b	4c	4d	4e	5	
Punkte	2	2	2	2	1	1	1	1	2	3	2	2	1	3	1	2	1	6	**35**

1. Mathematikschulaufgabe - Lösung

Vorüberlegungen

In der 1. Schulaufgabe sind in der Regel folgende Themen relevant: Symmetrie, hier speziell symmetrische Vierecke und Winkelbetrachtungen, die sehr umfangreich bzw. schwer sein können.

Zu Aufgabe 1
Es handelt sich um eine sehr interessante Aufgabe, die ohne Vorübung in dieser Schulaufgabe gestellt wurde. Es werden die Grundeigenschaften der Achsen- und Punktsymmetrie abgefragt. „Achsenpunkte und nur diese sind von zueinander symmetrischen Punkten gleich weit entfernt" sowie „Die Symmetrieachse halbiert die Verbindungsstrecke zueinander symmetrischer Punkte senkrecht".

Zu Aufgabe 2 ✔
Diese Aufgabe hat sich zum sehr wichtigen Standard in der 7. Klasse in Schulaufgaben verfestigt. Die Eigenschaften von symmetrischen Vierecken sollte unbedingt beherrscht werden (Haus der Vierecke). D.h. Es sollte möglich sein, z.B. die Eigenschaften eines Trapezes auswendig mitzuteilen.

Zu Aufgabe 3 ✔ **und Aufgabe 4**
Die elementaren Grundkonstruktionen und ihre Anwendung in der Dreiecks- und Viereckslehre in Jahrgangsstufe 7 sind nach wie vor Inhalt des Mathematikunterrichts am Gymnasium. Trotz Geometrieprogramme, die auch im Unterricht besprochen werden, werden geometrische Konstruktionen im Hinblick auf die zielgerichtete Planung und schrittweise Entwicklung einer Figur in Schulaufgaben verlangt.
Manchmal werden in Schulaufgaben Grundkonstruktionen innerhalb eines Koordinatensystems ausgeführt.

Zu Aufgabe 5 ✔
Auch diese beiden Aufgaben sind absoluter Standard und in jeder (1. oder 2.) Schulaufgabe in der 7. Klasse findest du mindestens eine solche Aufgabe. Themen sind: Wesentlichen Zusammenhänge an Geradenkreuzungen bzw. Doppelkreuzungen mit parallelen Geraden und Winkelsummensätzen.
- Geradenkreuzung: Scheitel- und Nebenwinkel; Doppelkreuzung: Stufen- und Wechselwinkel
- Innenwinkelsumme beim Dreieck und beim Viereck

Fazit
Diese Schulaufgabe entspricht den Standard an bayerischen Gymnasien und verlangt ein tiefergehendes Wissen über Symmetrie, Standardkonstruktionen und Winkelbeziehung.

Gesamtpunkte: **35**

Punkte	35 - 33	32-27	26 - 21	20 - 14	12 - 5	4 - 0
Note	1	2	3	4	5	6

Aufgabe 1

Hinweise und Tipps

- Bei einer punktsymmetrischen Figur muss die Verbindungslinie durch das Zentrum – den Schnittpunkt der beiden Diagonalen – verlaufen.
- Es gibt jeweils mehrere Lösungen. Nach Aufgabenstellung reicht aber eine Lösung.

a) punkt- und achsensymmetrisch

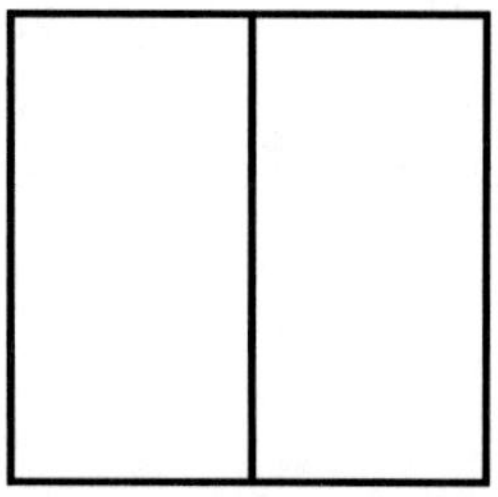

Die beiden Punkte liegen jeweils in der Mitte zweier gegenüberliegender Seiten. Die eingezeichnete Linie ist gleichzeitig die Symmetrieachse.

b) punkt-, aber nicht achsensymmetrisch

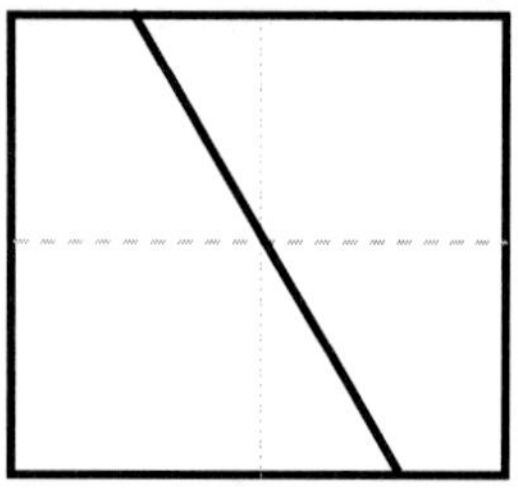

Die beiden Punkte müssen so gewählt werden, dass die Verbindungslinie durch das Zentrum (Schnittpunkt der Mittelsenkrechten oder Schnittpunkt der Diagonalen) geht.

c) achsen-, aber nicht punktsymmetrisch

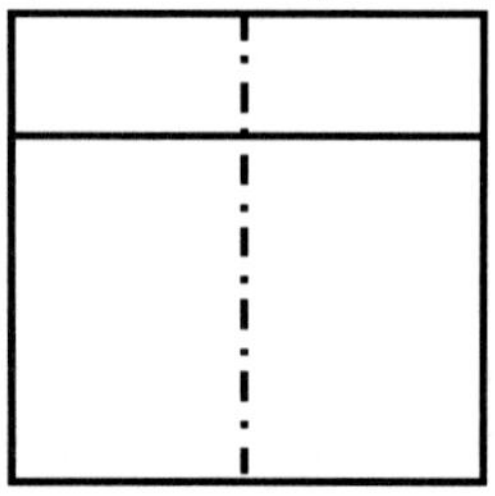

Die beiden Punkte müssen so gewählt werden, dass die Verbindungslinie parallel zu einer Seite liegen. Die gestrichelte Linie stellt die Symmetrieachse dar.

d) weder punkt- noch punktsymmetrisch

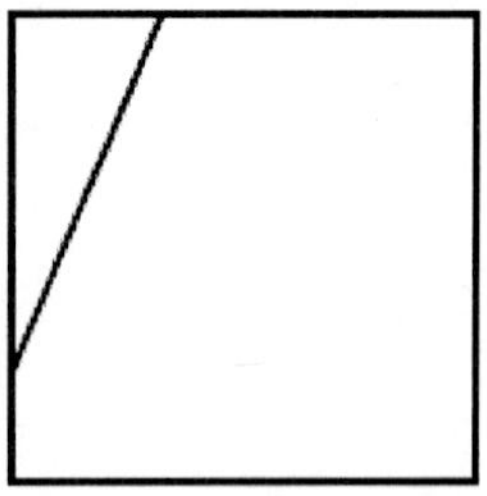

Die beiden Punkte sind so zu wählen, dass die Verbindungsstrecke nicht durch das Zentrum verläuft und nicht parallel zu einer Seite ist.

Aufgabe 2

Hinweise und Tipps

zu b) Das Quadrat hat jeweils zwei parallele Seiten und ist somit ein Parallelogramm.

zu c) Ein Viereck mit einer Diagonale als Achse heißt Drachen. Das trifft auch für die Raute zu.

	Aussage	richtig	falsch
a)	Jedes Rechteck ist ein Quadrat		X
b)	Jedes Quadrat ist ein Parallelogramm	X	
c)	Jede Raute ist ein Drachen	X	
d)	Jedes Trapez ist ein Rechteck		X
e)	Es kann keine Raute geben, die auch ein Rechteck ist		X

zu a) Nein, es gilt aber: Jedes Quadrat ist ein (besonderes) Rechteck.

zu d) 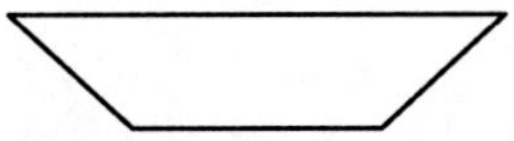 Ein Trapez muss keine 90^0-Winkel besitzen.

zu e) Ein Quadrat ist auch eine Raute. Ein Quadrat ist aber auch ein Rechteck. 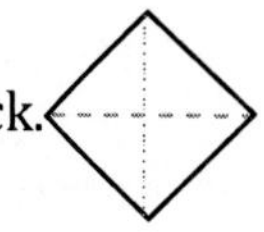

Aufgabe 3

Hinweise und Tipps

- Bei einer Konstruktion sollen immer die Kreisbögen sichtbar werden.
- zu b) Das Lot von D auf AB gewinnt man mit der Grundkonstruktion (siehe Abbildung).
- zu c)Die Parallele zu DE durch A heißt p und ist in der Abbildung eingezeichnet. (Dabei muss gegebenenfalls eine Hilfsparallele p' gezeichnet werden!)

a) Das konstruierte Fünfeck ABCDE hat verschieden lange Seiten und bei A, B und D rechte Winkel.

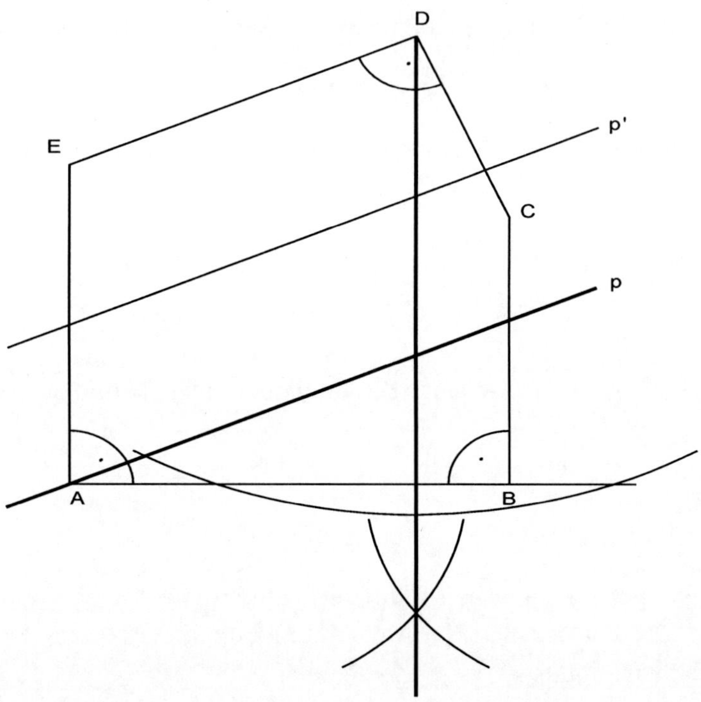

Aufgabe 4

Hinweise und Tipps

- Bei einer Konstruktion sollen immer die Kreisbögen sichtbar werden.

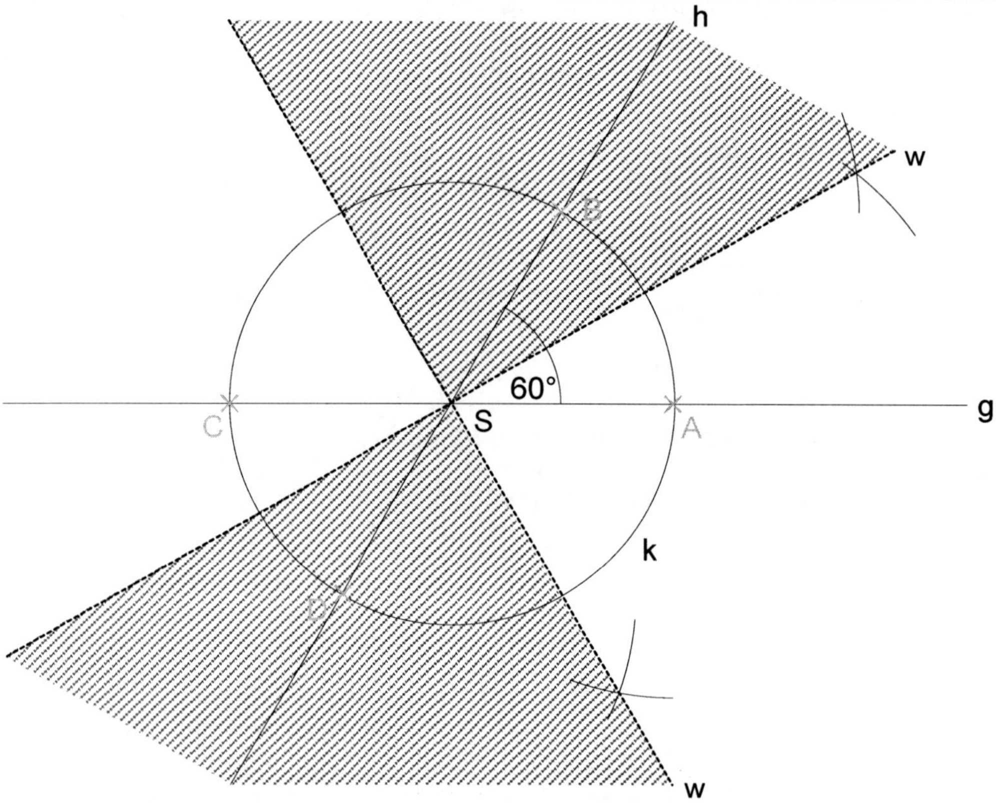

b) Alle Punkte, die von g und h denselben Abstand haben, liegen auf den beiden Winkelhalbierenden w_1 und w_2, die mit der Grundkonstruktion gewonnen wurden und gestrichelt im Bild eingetragen sind. Die Punkte, die im schraffierten Bereich liegen, sind dann von g weiter entfernt als von h.

c) $M_1 = \{x \mid d(x;g) > d(x;h)\}$

d) Diejenigen Punkte auf g oder h, die zugleich auf dem Kreis um S mit dem Radius 3,0 cm liegen, erfüllen die Forderung der Aufgabe. Sie sind in der Abbildung mit A, B, C, D beschriftet.

e) $M_2 = \{x \mid (x \in g \text{ oder } x \in h) \text{ und } x \in k(S; r = 3{,}0 \text{ cm})\}$

Aufgabe 5

Hinweise und Tipps

Um derartige Aufgaben zu lösen, solltest du im Gebrauch der folgenden Begriffe und Sätze sicher sein:

- Stufen- bzw. Wechselwinkel bei parallelen Geraden
- Winkelsummensatz im Dreieck: $\alpha + \beta + \gamma = 180°$
- Gestreckter Winkel: 180° Winkel
- Nebenwinkel ergänzen sich zu 180°
- 90°-Winkel durch Thaleskreis. Suche in einer Zeichnung nach einem Thaleskreis (Halbkreis) (in dieser Aufgabe kommt der Thaleskreis nicht zur Anwendung)
- In der Regel reicht eine kurze Begründung

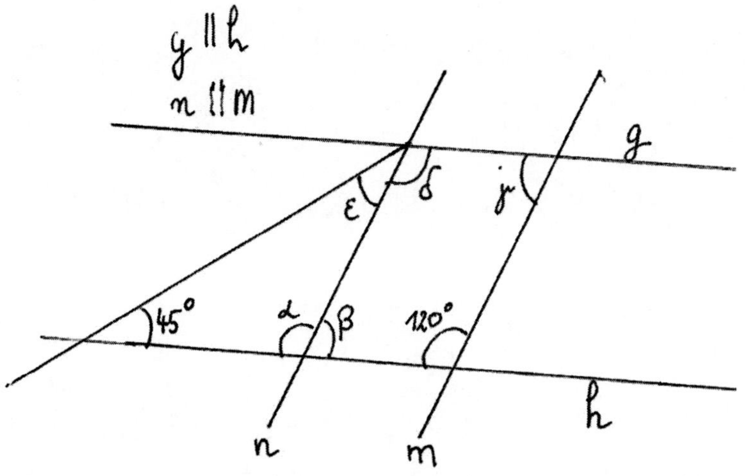

$\alpha = 120°$ | α und 120° sind Stufenwinkel

$\beta = 60°$ | α und β sind Nebenwinkel und ergänzen sich deshalb zu 180°; $\beta = 180° - 120° = 60°$

$\gamma = 60°$ | β und γ sind Wechselwinkel und somit gleich

$\delta = 120°$ | 120° und δ sind Wechselwinkel und somit gleich

$\varepsilon = 15°$ | Winkelsumme im Dreieck: $45° + 60° + \varepsilon = 180°$

1. Schulaufgabe aus der Mathematik

Aufgabe 1

Welches (möglichst allgemeine) Viereck ist hier gesucht? Nenne bitte jeweils den Namen des Vierecks.

a) Dieses Viereck ist sowohl ein Rechteck als auch eine Raute.

b) Bei diesem Viereck sind die gegenüberliegenden Winkel gleich groß und die gegenüberliegenden Seiten gleich lang.

c) Dieses Viereck hat genau 2 Symmetrieachsen, aber die Seiten sind nicht alle gleich lang.

d) Dieses Viereck ist weder punktsymmetrisch noch achsensymmetrisch. Zeichne es.

Aufgabe 2

a) Zeichne auf ein extra Blatt ein beliebiges Viereck ABCD, in dem alle vier Winkel kleiner als 180° sind. Konstruiere die Winkelhalbierende des Innenwinkels bei A und zeichne die übrigen Winkelhalbierenden ein.

b) Gibt es Vierecke, bei denen sich die vier Winkelhalbierenden in genau einem Punkt schneiden? Begründe deine Antwort unter Verwendung einer geeigneten Zeichnung.

Aufgabe 3

Zeichne zu vorgegebener Figur das Bild bei Achsenspiegelung an der Achse a und das Bild bei Punktspiegelung an Z.

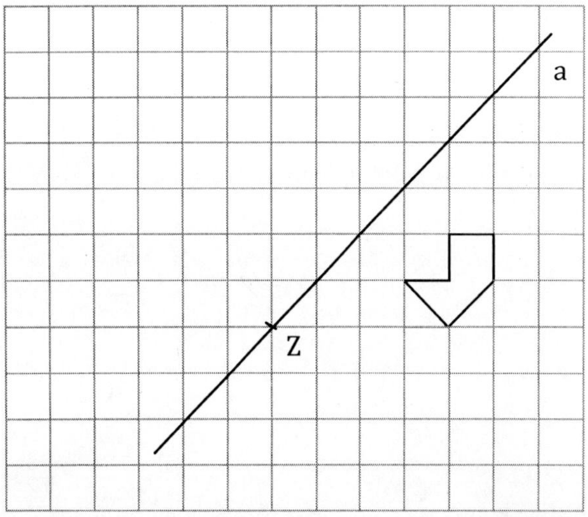

Aufgabe 4

Ergänze die nebenstehenden Figuren so, dass der Bruchteil $\frac{1}{3}$ dargestellt wird und die neue Figur

a) achsensymmetrisch, aber nicht punktsymmetrisch ist

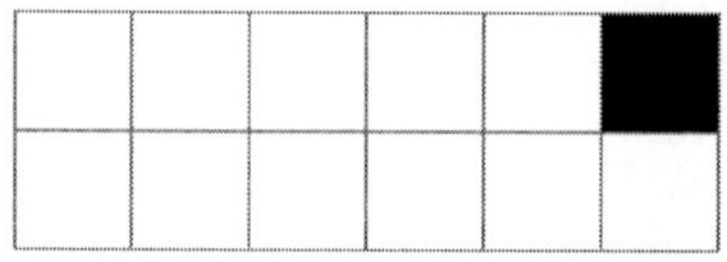

a) punktsymmetrisch, aber nicht achsensymmetrisch ist

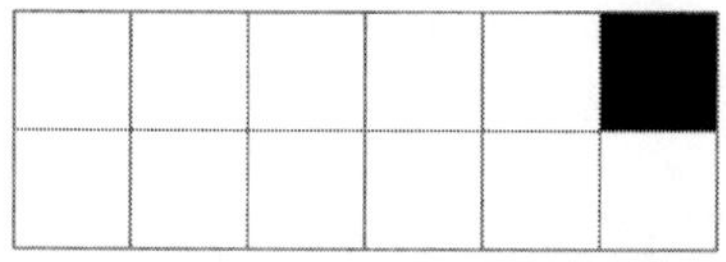

Aufgabe 5

Die nachfolgende Skizze ist nicht maßstabsgetreu und die dort gemachten Angaben können von der Zeichnung abweichen.

a) Berechne die Winkel ε_1 und ε_2.

b) Wie groß muss ϑ sein, damit gilt AB || DF.

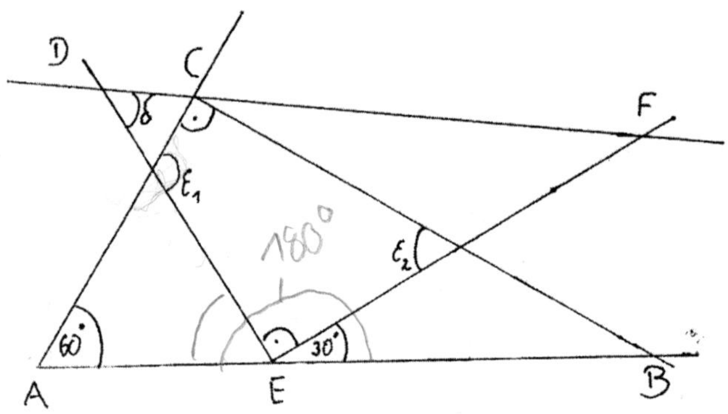

Aufgabe 6

In einem Parallelogramm ABCD ist $\alpha = 3\beta$. Wie groß sind die vier Winkel?

Viel Erfolg!

mögliche Punkteverteilung

Aufgabe	1a	1b	1c	1d	2a	2b	3a	3b	4a	4b	5a	5b	6c	
Punkte	2	2	2	2	4	2	3	3	2	2	4	2	3	**33**

Lösung Schul-aufgabe 1.2

1. Mathematikschulaufgabe Lösung

Aufgabe 1 ✓

a) Das Quadrat.

Eine Raute hat vier gleich lange Seiten, muss aber keine rechten Winkel haben. Sind jetzt auch noch die Winkel jeweils 90°, so handelt es sich um ein Quadrat, das ebenfalls ein (besonderes) Rechteck darstellt.

b) Das Parallelogramm.

Das Quadrat, das Rechteck, die Raute erfüllen ebenfalls diese Eigenschaft. Das Viereck mit den wenigsten Einschränkungen ist aber das Parallelogramm.

c) Das Rechteck.

Auch das Quadrat und die Raute habe 2 Symmetrieachsen. Diese scheiden jedoch aus, da diese jeweils 4 gleich lange Seiten besitzen

d) Ein beliebiges Viereck:

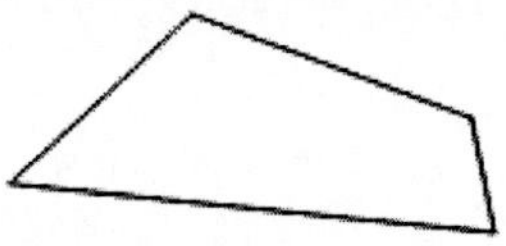

Aufgabe 2 ✓

a)

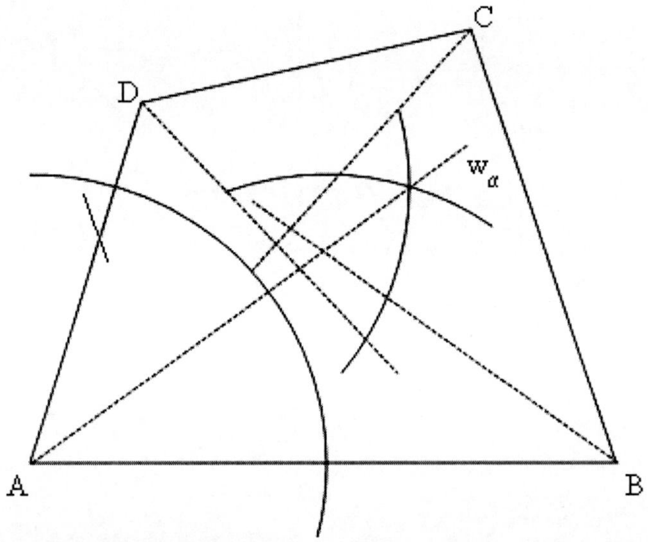

Die Winkelhalbierende des Innenwinkels mit dem Scheitel A ist nach der Grundkonstruktion konstruiert, die übrigen drei Winkelhalbierenden sind unter Verwendung des Winkelmessers gezeichnet. Die vier Winkelhalbierenden schneiden sich hier nicht in einem Punkt.

b) Es gibt Vierecke, bei denen sich alle Winkelhalbierenden in genau einem Punkt schneiden. Dies sind alle Vierecke, die einen Inkreis besitzen.

Wenn ein solcher Kreis alle vier Vierecksseiten berühren soll, dann muss sein Mittelpunkt von allen Seiten denselben Abstand haben. Dann liegt dieser Mittelpunkt aber auf allen vier Winkelhalbierenden zugleich, denn auf einer Winkelhalbierenden liegen diejenigen Punkte, die von den Schenkeln des Winkels den gleichen Abstand haben. Solche Vierecke sind zum Beispiel manche Trapeze, manche Drachen und Rauten.

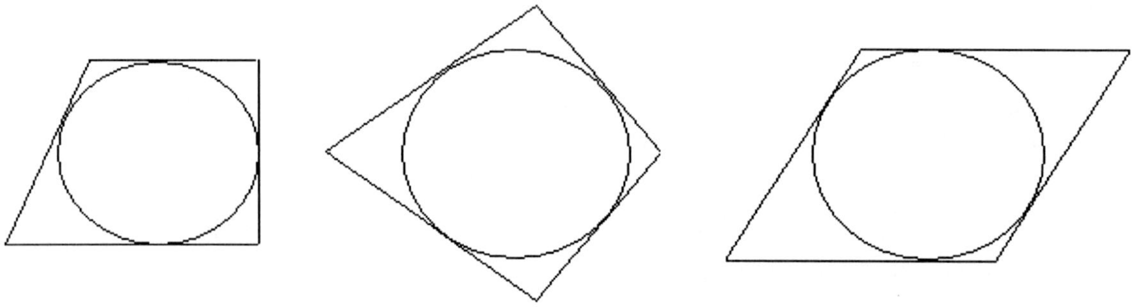

Aufgabe 3

Eine *Achsenspiegelung* (auch Geradenspiegelung) ist durch eine Gerade a (*Spiegelachse* oder kurz *Achse*) gegeben. Sie ordnet jedem Punkt P einen Bildpunkt P' zu, der dadurch bestimmt ist, dass die Verbindungsstrecke [PP'] von der Achse a rechtwinklig halbiert wird.
Eine *Punktspiegelung* ist eine Abbildung, die durch einen Punkt Z (Spiegelpunkt, Zentrum) gegeben ist. Die Spiegelung am Punkt Z ordnet jedem Punkt P einen Bildpunkt P' zu, der dadurch bestimmt ist, dass die Verbindungsstrecke [PP'] vom Punkt Z halbiert wird.

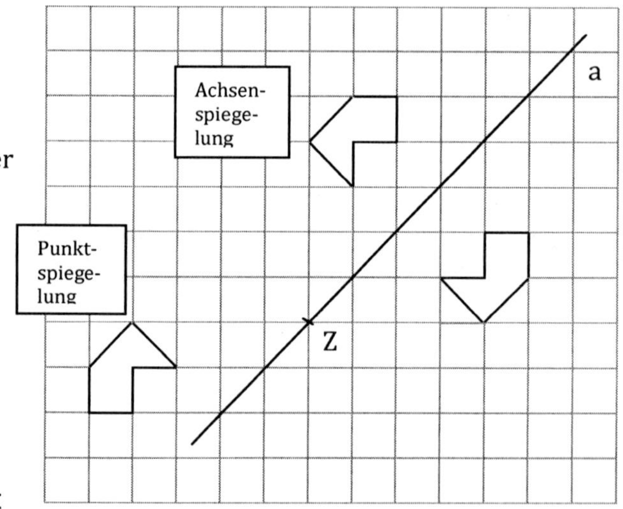

Aufgabe 4

Hinweise und Tipps

- $\frac{1}{3} = \frac{4}{12}$, d.h. insgesamt müssen 4 Kästchen markiert sein.
- Es gibt jeweils mehrere Lösungen.
- zu a) Eine mögliche Achse ist eingezeichnet.
- zu b) Der Symmetriepunkt ist der Schnittpunkt der beiden eingezeichneten Linien (Achsen).

a) achsensymmetrisch, aber nicht punktsymmetrisch

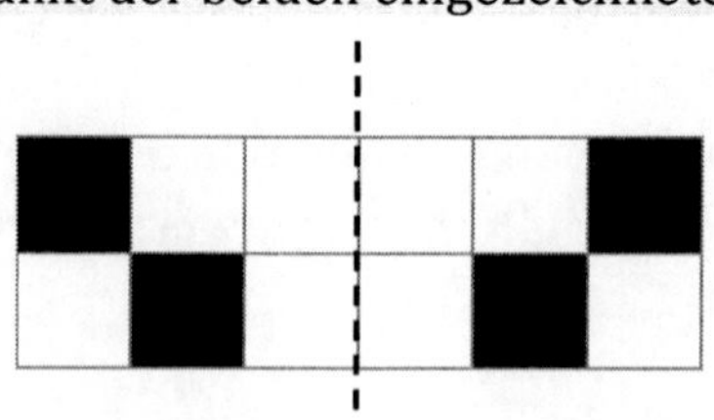

a) punktsymmetrisch, aber nicht achsensymmetrisch

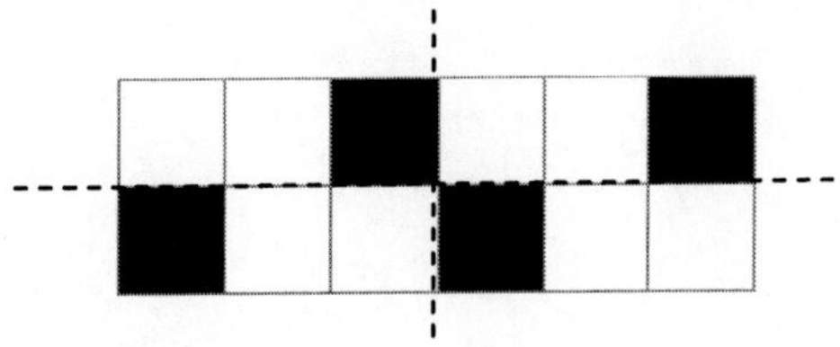

Aufgabe 5 ✓

Hinweise und Tipps

- Es empfiehlt sich nach jeder Rechnung eine kurze Begründung zu geben. (Somit erkennt der Lehrer, dass du die wichtigsten Beziehungen kennst.) Das sind:
- Winkelsummensatz im Dreieck: Die Summe der drei Innenwinkel ergibt 180^0.
- Winkelsummensatz im Viereck: Die Summe der drei Innenwinkel ergibt 360^0.
- Die Nebenwinkel ergänzen sich zu 180^0.
- Die Scheitelwinkel sind gleich groß.
- Die Stufenwinkel (bei parallelen Geraden) sind gleich groß.
- Die Wechselwinkel (bei parallelen Geraden) sind gleich groß.

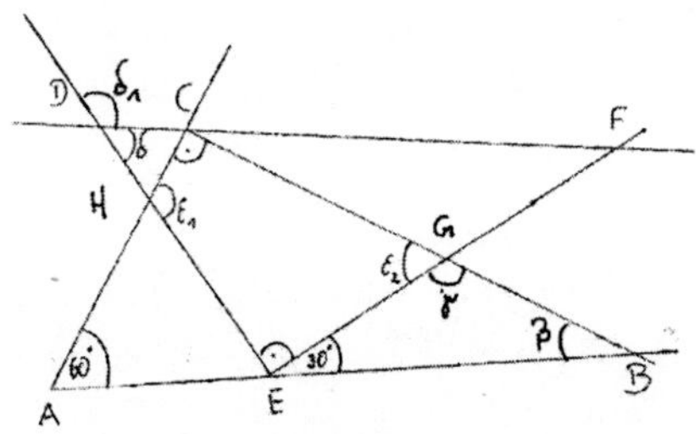

Bestimmung des Winkels $\sphericalangle ABC = \beta$

$\beta = 180^0 - 90^0 - 60^0 = 30^0$

(Winkelsummensatz im Dreieck)

Bestimmung des Winkels $\sphericalangle BGC = \gamma$

$\gamma = 180^0 - 30^0 - 30^0 = 120^0$

(Winkelsummensatz im Dreieck)

Bestimmung von ε_2

$\varepsilon_2 = 180^0 - 120^0 = \mathbf{60^0}$ (Nebenwinkel)

Bestimmung von ε_1

$\varepsilon_1 = 360^0 - 2\cdot 90^0 - 60^0 = \mathbf{120^0}$ (Winkelsumme im Viereck)

b) Die Gerade DE schneidet AB und DF. Falls AB || DF, dann ist δ_1 Stufenwinkel zu $90^0 + 30^0 = 120^0$.

$\delta = 180^0 - 120^0 = 60^0$.

AB || DF, falls $\boldsymbol{\delta = 60^0}$.

Aufgabe 6 ✓

Hinweise und Tipps

- In einem Parallelogramm sind jeweils zwei Winkel gleich groß.
- Alle Vier Winkel ergeben zusammen 360^0.

$2\alpha + 2\beta = 360^0 \quad \Leftrightarrow \quad 2\cdot 3\beta + 2\beta = 360^0$ (nach Voraussetzung) $\Leftrightarrow 8\beta = 360^0$

$\boldsymbol{\beta = 45^0}$ und $\boldsymbol{\alpha} = 3\cdot 45^0 = \mathbf{135^0}$

Gesamtpunkte: **33**

Punkte	33 - 31	30-24	24 - 19	18 - 12	11 - 3	2 - 0
Note	1	2	3	4	5	6

Faire Schulaufgabe.

Geschwindigkeit
=
Weg / Zeit

Wie
löse
ich
Zahlenrätsel

Wie
stelle
ich
Gleichungen auf

Wann sind
Terme
äquivalent

DURCHBLICKER
$a^2 + b^2 = c^2$
Lernstudio Arndt

Mustererkennen
wie
bei
Intelligenztests

Schulaufgaben 2

Wie klammere
ich
Minuswerte
aus

Terme
aufstellen
mit
rationalen Zahlen

Ausmultiplizieren
und
Ausklammern
sind was
Verschiedenes

2. Schulaufgabe aus der Mathematik

Aufgabe 1

Betrachte den Term $T(x; y) = \frac{x-2y}{x+2y}$.

a) Beschreibe die Rechenanweisung in Worten unter Verwendung der mathematischen Symbolsprache.

b) Berechne $T(-2; -1)$ und $T(1; 1)$.

c) Begründe, warum $T(-6; 3)$ sich nicht berechnen lässt.

Aufgabe 2

Bei einem Dreieck ist die erste Seite um 1,5 cm kürzer als die zweite Seite und die dritte Seite ist um 2,4 cm länger als die erste Seite.

a) Stelle zunächst einen Term auf, der den Umfang des Dreiecks in Abhängigkeit von der zweiten Seite angibt. Fasse den Term so weit wie möglich zusammen.

b) Wie groß ist der Umfang des Dreiecks, wenn die erste Seite 4,5 cm lang ist?

c) Wie lang ist die zweite Seite, wenn der Umfang 14,4 cm beträgt?

Aufgabe 3

Untersuche rechnerisch, ob die beiden Terme äquivalent sind.

a) $T_1(x) = 3x - x^2$ und $T_2(x) = 2x$

b) $T_1(x, y, z) = -x + 4y - z - 5x + 2y + z$ und $T_2(x, y, z) = -6x + 6y$

c) $T_1(a) = \frac{3}{2}a - 1{,}5a - a$ und $T_2(a) = a$

Aufgabe 4

Gegeben ist das folgende aus Streichhölzern gelegte Muster:

Haus mit 1 „Stockwerk" Haus mit 2 „Stockwerken" Haus mit 3 „Stockwerken"

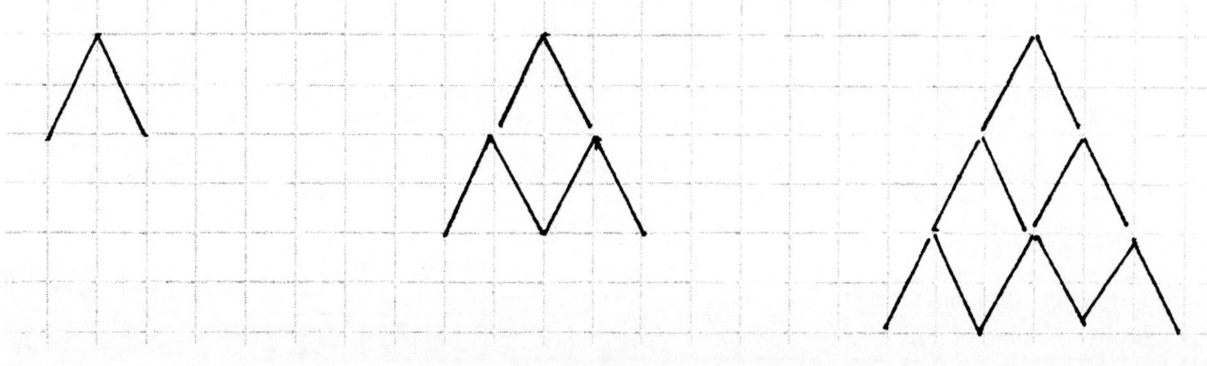

a) Zeichne das entsprechende Muster für das Haus mit vier „Stockwerken".

b) Wie viele Streichhölzer werden jeweils für ein Haus benötigt mit ...

einem „Stockwerk“	zwei „Stockwerken“	drei „Stockwerken“	vier „Stockwerken“

c) Wie viele Streichhölzer benötigt man für ein Haus mit zehn „Stockwerken“? (Löse ohne Zeichnung)

d) Stelle einen Term a(s) für die Anzahl der Streichhölzer in Abhängigkeit von der Anzahl der Stockwerke s eines Hauses auf und berechne die Anzahl der Streichhölzer für 99 Stockwerke.

Aufgabe 5

Gib einen möglichst einfachen Term A(x) an, der den Flächeninhalt der schraffierten Fläche beschreibt.

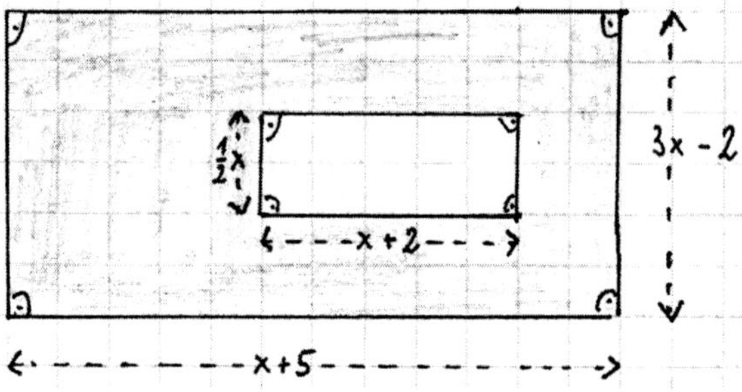

Viel Erfolg!

mögliche Punkteverteilung

Aufgabe	1a	1b	1c	2a	2b	2c	3a	3b	3c	4a	4b	4c	4d	5	
Punkte	2	3	2	2	2	2	2	2	2	2	2	1	3	4	**31**

2. Mathematikschulaufgabe - Lösungen

Vorüberlegungen

Themen dieser Schulaufgabe sind: Termumformungen - Umformungen in Produkte und Umformungen in Summen, als auch „Aufstellen von Termen und Rechnen mit Termen“.

Zu Aufgabe 1 ✔
Diese Aufgaben prüfen, ob man mit dem Rechnen mit Termen vertraut ist. Dieser Term besitzt zwei Variablen x und y. Voraussetzung zur erfolgreichen Lösung ist, dass man fit und sicher in den algebraischen Techniken der 5. und 6. Klasse ist.

Zu Aufgabe 2
Hier wird geprüft, ob du Aussagen aus der Geometrie in die abstrakte algebraische Schreibweise umsetzen kannst. Es ist doch einige Querdenkerei dabei und du musst dich konzentrieren. Aber im Allgemeinen ist die Aufgabe machbar.

Zu Aufgabe 3 ✔
Aufgabe aus der Algebra. Das Umgehen mit Termen durch Umformen und Zeigen von Äquivalenz ist ein wichtiger Bestandteil in Schulaufgaben. In der 8., 9. und 10. Klassen werden Erweiterungen der Potenzgesetze gelehrt, so dass diese Thematik einen bis mindestens zur 10. Klasse verfolgt.

Zu Aufgabe 4 ✔
Sehr anspruchsvolle Aufgabe zum Aufstellen eines Terms. Dabei sind die Teilaufgaben a) und b) leicht machbar. Sehr schwer ist die Teilaufgabe d), die man ohne weitere Kenntnisse von arithmetischen Reihen (optionaler Stoff der 10. Klasse) nur durch Probieren und einem guten Einfall lösen kann - Einserbremse.

Zu Aufgabe 5 ✔
Relativ leichte Aufgabe aus der Geometrie zum Aufstellen eines Terms. Fair.

Fazit
Durchwachsene Schulaufgabe, die recht anspruchsvoll ist. Gute Kenntnis der Algebra und gute Ideen werden verlangt.

Gesamtpunkte: **31**

Punkte	31 - 28	27-22	21 - 16	15 - 10	9 - 3	2 - 0
Note	1	2	3	4	5	6

Lösung Schulaufgabe 2.1

Aufgabe 1

Hinweise und Tipps

- Denke an, der Bruchstrich bedeutet nichts anderes als eine Division.
- Bei einer Division darf nie durch 0 geteilt werden.

a) Dividiere die Differenz mit x als Minuend und 2y als Subtrahend durch die Summe mit dem 1. Summanden x und dem 2. Summanden 2y.

b) $T(-2|-1) = \frac{-2-2\cdot(-1)}{-2+2\cdot(-1)} = \frac{-2+2}{-2-2} = \frac{0}{-4} = 0$

$T(1|1) = \frac{1-2}{1+2} = \frac{-1}{3} = -\frac{1}{3}$

c) $T(-6|3)$ lässt sich nicht berechnen, da für die Werte $x=-6$, $y=3$ der Nenner gleich Null wäre. Der Nenner darf jedoch nicht Null werden.

Aufgabe 2

Hinweise und Tipps

- zu a) Den Namen des Terms kannst du beliebig vergeben. Meistens wird dieser T(x) genannt, aber in die Aufgabe ist U(x) sinnvoll (für U = Umfang)
- Da der Term in Abhängigkeit der 2. Seite gegeben ist, solltest du zuerst die Länge der 2. Seite ausrechnen

a) 2. Seite = x
1. Seite = x − 1,5
3. Seite = 2.Seite + 2,4 = x − 1,5 + 2,4 = x + 0,9
U(x) = 1. Seite + 2. Seite + 3. Seite = x − 1,5 + x + x + 0,9 = 3x − 0,6
also U(x) = 3x − 0,6

b) 1. Seite = x − 1,5 ⇔ 4,5 = x − 1,5 ⇔ x = 6
Die 2. Seite ist dann 6 cm lang
$U(6) = 3 \cdot 6 - 0{,}6 = 18 - 0{,}6 = 17{,}4$ cm
Der Umfang ist dann 17,4 cm lang.

c) U = 14,4 cm 14,4 cm = 3x − 0,6 ⇔ 3x = 15 cm ⇔ x = 5 cm
Die 2. Seite ist 5 cm lang.

Aufgabe 3

Hinweise und Tipps

- zu a) es ist offensichtlich, dass die beiden Terme nicht äquivalent sind. Zeige dies, indem du in beide Terme einen Wert einsetzt, der zu verschiedenen Termwerten führt (Achtung: x = 0 und x = 1 führen jeweils zu den gleichen Termwerten)
- zu a) und b) Vereinfache die Terme so weit wie möglich

a) $T_1(2) = 3 \cdot 2 - 2^2 = 2$ und $T_2(2) = 2 \cdot 2 = 4$ also $T_1(x) \neq T_2(x)$, d.h.
T_1 und T_2 sind nicht äquivalent

b) $T_1(x, y, z) = -6x + 6y) = T_2(x)$ also T_1 und T_2 sind äquivalent

c) $T_1(a) = -1 \neq a = T_2(a)$ also T_1 und T_2 sind nicht äquivalent

Lösung Schul-aufgabe 2.1

Aufgabe 4

Hinweise und Tipps

- zu b) durch Ablesen an den Figuren
- zu c) Pro „Stockwerk" werden 2 Streichhölzer mehr gebraucht als beim vorhergehenden „Stockwerk".
- zu d) Mit Mitteln der 7. Klasse ist die Lösung nur durch „intensives" Betrachten der Tabelle in b) zu erhalten. Die Anzahl der Streichhölzer hängt von der Nummer der „Stockwerke" ab. Es ist das Produkt aus „Nummer jetziges Stockwerk" · „Nummer neues Stockwerk". Schwierig!

a)

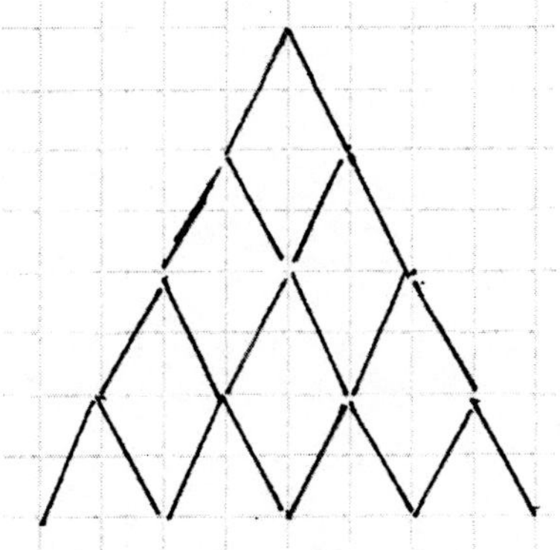

b)

einem „Stockwerk"	zwei „Stockwerken"	drei „Stockwerken"	vier „Stockwerken"
2	6	12	20

c) Für ein Haus mit 10 „Stockwerken" benötigt man **110 Streichhölzer.**

d) $a(s) = (s + 1) \cdot s \ = s^2 + s$

Dann ist $a(99) = 100 \cdot 99 = 9900$

Für 99 Stockwerke benötigt man **9900 Streichhölzer**.

Aufgabe 5

Hinweise und Tipps

- Die schraffierte Fläche errechnet sich aus der Differenz der großen Rechtecktfläche und der kleinen Rechtecksfläche.
- Vergiss vor dem Subtrahenden nicht die Klammer - Minusfalle.

$A_1 \triangleq$ große Rechtecksfläche

$A_2 \triangleq$ kleine Rechtecksfläche

$A_1 = (x + 5) \cdot (3x - 2) = 3x^2 - 2x + 15x - 10 = 3x^2 + 13x - 10$

$A_2 = (x + 2) \cdot 0{,}5x = 0{,}5x^2 + x$

$A_1 - A_2 = 3x^2 + 13x - 10 - (0{,}5x^2 + x) = 2{,}5x^2 + 12x - 10$

$\mathbf{A(x) = 2{,}5x^2 + 12x - 10}$

2. Schulaufgabe aus der Mathematik

Aufgabe 1

Berechne und vereinfache so weit wie möglich:

a) $(-1{,}6a^2 \cdot 3b) \cdot (0{,}1ab) : (-0{,}4)$

b) $0{,}5\ ef^2 \cdot (-4e^2) - (0{,}2f^2 - 0{,}6f^3 + 1) \cdot (-3e^3)$

Aufgabe 2

a) Klammere $-0{,}2b$ aus: $4ab + 1{,}2b^2 - 3{,}6a^2b$

b) Klammere $2x$ aus: $4x^2 - 17x^3 + \frac{3}{4}x^4$

c) Klammere so viel gemeinsame Faktoren wie möglich aus:

$18x^3y^2z^3 + 6xy^2z - 12x^2y^2z - 48xy^3z^2 + 24x^2y^2z^2$

Aufgabe 3

Berechne die Summe der Kantenlängen des abgebildeten Prismas.

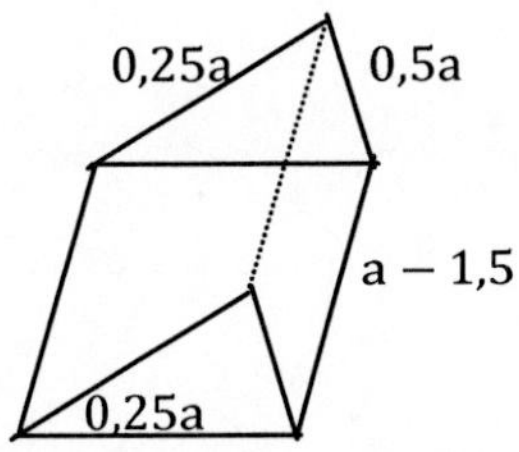

Aufgabe 4

Stelle den zugehörigen Term auf:

a) Subtrahiere von einer gedachten Zahl 73, multipliziere das Ergebnis mit dem Kehrbruch von $\frac{2}{3}$ und addiere anschließend das Produkt aus 5 und dem Doppelten der gedachten Zahl.

b) Bei einem Dreieck ist die Grundlinie dreimal so lang wie die zugehörige Höhe. Wie groß ist dann der Flächeninhalt?

Aufgabe 5

Madeleine legt Spielkarten und bildet Figuren.

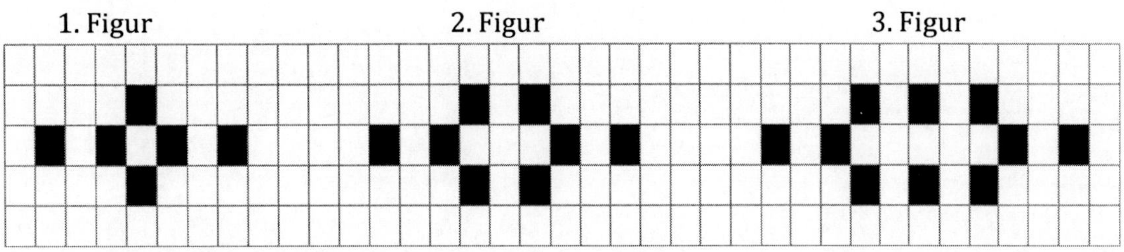

a) Wie viele Spielkarten benötigt sie, um die 3. und 4. Figur zu legen?

b) Wie viele Spielkarten benötigt sie für die 7. Figur?

c) Gib einen Term an, der die Anzahl der Spielkarten in der n-Figur beschreibt?

d) In welcher Figur benötigt Madeleine genau 54 Spielkarten?

Aufgabe 6

Die Summe der Innenwinkel in einem n-Eck errechnet sich mit dem Term $W(n) = (2n - 4) \cdot 90^0$.

a) Zeige diese Behauptung für ein Dreieck und ein Viereck.

b) Welche Winkelsumme hat ein 6–Eck?

c) Kann es ein n–Eck mit der Winkelsumme 930^0 geben?

Viel Erfolg!

mögliche Punkteverteilung

Aufgabe	1a	1b	2a	2b	2c	3	4a	4b	5a	5b	5c	5d	6a	6b	6c	
Punkte	3	3	1	1	3	2	2	2	1	2	2	2	1	2	2	**29**

Lösung Schul-aufgabe 2.2

2. Mathematikschulaufgabe - Lösungen

Vorüberlegungen

Themen dieser Schulaufgabe sind: Termumformungen - Umformungen in Produkte und Umformungen in Summen als auch „Aufstellen von Termen und Rechnen mit Termen".

Zu Aufgabe 1 und Aufgabe 2

Diese Aufgaben veranlassen zu zwei Bemerkungen:

- In erster Linie wird das Thema „Dezimalbrüche bei negativen Zahlen" aus der 6. Klasse wiederholt. Generell gilt: Die Bruchrechnung und das Rechnen mit Dezimalbrüchen bleibt ein Lehrthema bis einschließlich der 10. Klasse.
- Es wird die Anwendung der Potenzregel $a^m \cdot a^n = a^{m+n}$ geprüft. Diese Thematik der 7. Klasse wird bis zur 10. Klasse weitergeführt.

Auf der Grundlage der Rechengesetze für rationale Zahlen sollen die Terme angemessener Komplexität in äquivalente Terme umgewandelt werden. Dabei wird je nach Zielsetzung zusammengefasst, ausmultipliziert und in einfachen Fällen auch faktorisiert. Durch intensives Üben sollte ein Fundament algebraischer Fertigkeiten gelegt sein

- Zusammenfassen der Rechengesetze für rationale Zahlen
- Umformen von Produkten, Potenzen mit natürlichen Exponenten
- Umformen von Summen, Klammerregeln, Multiplizieren von Summen

Diese Art von Aufgaben bildet eine wichtige Säule des Mathematikunterrichts in Bayern.

Zu Aufgabe 3

Bei dieser Aufgabe geht es um die Aufstellung eines Terms am Beispiel eines geometrischen Körpers. Die Aufgabe prüft das Verständnis von Termen in Abhängigkeit einer Variablen und stellt somit den Einstieg in die Funktionenlehre dar. Die Aufgabe ist relativ leicht.

Zu Aufgabe 4

Diese Aufgabe prüft die Fähigkeit, mathematische Formulierungen in Gleichungen (Termen) zu „übersetzen". Man merkt, dass man immer mehr in die mathematische Denk- und Sprechweise eingeführt wird. Dadurch, dass kein „Rechnen" verlangt wird, sollte diese Aufgabe gelöst werden können.

Zu Aufgabe 5 und Aufgabe 6

Beide Aufgaben beschäftigen sich mit unterschiedlichsten funktionalen Abhängigkeiten und die Schüler sollten erfahren, wie diese mit Termen beschrieben werden können. Die Schüler sollen aus Sachzusammenhängen oder innermathematischen Betrachtungen heraus Terme mit einer oder mehreren Variablen aufstellen und interpretieren.

Gesamtpunkte: **29**

Punkte	29 - 26	25 - 21	20 - 15	14 - 7	6 - 4	3 - 0
Note	1	2	3	4	5	6

Lösung Schulaufgabe 2.2

Aufgabe 1

Hinweise und Tipps

- Denke an die „Multiplikationsregeln": „+" · „+" = „+" „+" · „–" = „–" „–" · „+" = „–" „–" · „–" = „+"
- Denke an die „Potenzgesetze": hier $a^m \cdot a^n = a^{m+n}$
- Denke daran: du kannst nur Produkte von Hochzahlen mit *gleichen* Exponenten zusammenfassen

a) $(-1{,}6a^2 \cdot 3b) \cdot (0{,}1ab) : (-0{,}4) =$ |Ausmultiplizieren

$(-4{,}8a^2 \cdot b) \cdot (0{,}1ab) : (-0{,}4) =$ |Weiter Ausmultiplizieren

$(-0{,}48a^3 \cdot b^2) : (-0{,}4) =$ | Dividieren

$\mathbf{1{,}2 \cdot a^3 \cdot b^2}$

b) $0{,}5 \cdot ef^2\,(-4e^2) - (0{,}2f^2 - 0{,}6f^3 + 1) \cdot (-3e^3) =$ |Ausmultiplizieren

$-2e^3f^2 - [-0{,}6e^3f^2 + 1{,}8e^3f^3 - 3e^3] =$ | Minus ausmultiplizieren

$-2e^3f^2 + 0{,}6e^3f^2 - 1{,}8e^3f^3 + 3e^3 =$ | Zusammenfassen

$\mathbf{-1{,}4\,e^3f^2 - 1{,}8e^3f^3 + 3e^3}$

Aufgabe 2

Hinweise und Tipps

- Denke wieder an in Aufgabe 1 genannte „Multiplikationsregel" und an die Potenzgesetze
- Teile die einzelnen Glieder des Rechenausdrucks (Summe / Differenz) durch die Zahl, die ausgeklammert wird. Dann erhältst du die neue Zahl: z.B. in a) $4ab : (-0{,}2b) = -20a$
- zu c) gehe systematisch vor: Was kannst du ausklammern - bei den Zahlen, dann bei den x-Potenzen, dann bei den y-Potenzen und letztlich bei den z-Potenzen

a) $-0{,}2b \cdot (-20a - 6b + 18a^2)$

b) $2x \cdot (2x - 8{,}5x^2 + \frac{3}{8}x^3)$

c) $6xy^2z \cdot (3x^2z^2 + 1 - 2x - 8yz + 4xz)$

Aufgabe 3

Hinweise und Tipps

- Bei einem Prisma sind immer zwei Seiten kongruent (deckungsgleich) - die Grund- und die Deckfläche.
- Denke daran, nicht die Klammern vergessen

$U(a) = 2\cdot(0{,}25a + 0{,}25a + 0{,}5a) + 3\cdot(a - 1{,}5) =$

$2\cdot a + 3a - 4{,}5 = \mathbf{5a - 4{,}5}$

Aufgabe 4

Hinweise und Tipps

- zu a) ließ die Aufgabe genau durch: Es wird NICHT die Berechnung des Terms verlangt - das würde dann doch zu viel Zeit kosten. In der Regel sind die Zeitpuffer in einer Schulaufgabe sehr knapp bemessen.
- zu a) Der Kehrwert von $\frac{2}{3}$ ist $\frac{3}{2}$.
- zu b) Der Flächeninhalt eines Dreiecks berechnet sich: $A = 0{,}5\cdot g\cdot h_g$
- zu b) Es werden hier zwei Alternativen aufgezeigt. Beachte: In Alternative 1 ist x die Höhe in Alternative 2 ist x die Grundlinie

gedachte Zahl: x

a) $(x - 73) \cdot \frac{3}{2} + 5 \cdot (2x)$

b) Alternative 1: Höhe x $A(x) = 0{,}5 \cdot 3x \cdot x = 1{,}5x^2$

Alternative 2: Grundlinie x $A(x) = 0{,}5 \cdot x \cdot \frac{1}{3}x = \frac{1}{6}x^2$

Aufgabe 5

Hinweise und Tipps

Beim Vergleich von Figur 1 zu Figur 2 sieht man, dass zwei Karten dazukommen. Beim Wechsel von Figur 2 zu Figur 3 kommen noch mal zwei Karten dazu.

- zu a) Beim Wechsel von Figur 3 zu Figur 4 werden noch mal zwei Karten dazu kommen.
- zu b) Um die Frage nach der Anzahl der Karten zu beantworten, kann man wohl weiter im Kopf jeweils zwei Karten hinzufügen. Aber es ist sinnvoller gleich Aufgabe c) zu lösen und dann für n = 7 einsetzen.
- zu c) 4 Karten waren von Anfang an da. Pro Figur kommen immer 2 Karten dazu: 2n
- zu d) Jetzt ist T(n) = 54 gegeben und es gilt den Term nach n aufzulösen.

a) Für Figur 3 werden **10 Karten** und für Figur werden **12 Karten** benötigt.

b) Für Figur 7 werden dann 12 + 2 + 2 + 2 = **18 Karten** benötigt.

c) $T(n) = 2n + 4$

Probe zu Teilaufgaben b) und c): $T(4) = 2 \cdot 4 + 4 = 12$ Karten und $T(7) = 2 \cdot 7 + 4 = 18$ Karten.

d) $T(n) = 54$

$54 = 2 \cdot n + 4 \quad | -4 \quad \Leftrightarrow \quad 50 = 2 \cdot n \quad |:2 \quad \Leftrightarrow n = 25$

Madeleine benötigt für **Figur 25** genau 54 Spielkarten.

Aufgabe 6

Hinweise und Tipps

- zu a) Denke daran, die Summe der Innenwinkel in einem Dreieck beträgt 180^0, in einem Viereck beträgt die Summe 360^0.
- zu d) Jetzt wird $W(n) = 930^0$ vorgegeben und es ist n aus der gegebenen Gleichung zu errechnen.

a) Dreieck: n = 3 $W(3) = (2 \cdot 3 - 4) \cdot 90^0 = 2 \cdot 90^0 = \mathbf{180^0}$

Viereck: n = 4 $W(4) = (2 \cdot 4 - 4) \cdot 90^0 = 4 \cdot 90^0 = \mathbf{360^0}$

b) Sechseck: n = 6 $W(6) = (2 \cdot 6 - 4) \cdot 90^0 = 8 \cdot 90^0 = \mathbf{720^0}$

c) $W(n) = 930^0$

$930^0 = (2n - 4) \cdot 90^0 \quad | :90^0 \quad \Leftrightarrow$

$930 : 90 = 10\frac{1}{3}$ ergibt keine natürliche Zahl. Damit ergäbe eine Auflösung der Gleichung keine natürliche Zahl. Somit gibt es **kein n-Eck** mit der Winkelsumme 930^0.

Zinsrechnung und Prozentrechnung hängen zusammen

Was kann ich an Kreisdiagrammen darstellen

Was ist eine Äquivalenzumformung

Wie löse ich Altersaufgaben

Bei der Prozentrechnung gibt es einen Grundwert, einen Prozentwert und einen Prozentsatz

Schulaufgaben 3

Wie löse ich Mischungsaufgaben

Durch geschicktes Rechnen spare ich mich sehr viel Zeit

Zahlenrätsel löse ich mit einer Gleichung

3. Schulaufgabe aus der Mathematik

Aufgabe 1

Bei einer Schulaufgabe ergab sich folgendes unvollständige Notenbild:

Note	1	2	3	4	5	6
Anzahl	4	5	12	6	3	0

a) Stelle die Notenverteilung in einem Kreisdiagramm dar. Bestimme dazu zunächst die Mittelpunktswinkel und trage sie in die Tabelle ein.

b)Berechne den Notendurchschnitt.

c) Wie viel Prozent der Schüler erreichten eine Note besser als 3, wie viel Prozent schlechter als 3?

d) Wäre die Darstellung der Notenverteilung auch an einem Balkendiagramm sinnvoll? Begründe.

Aufgabe 2

Ein Elektrohändler hebt den Preis für Fernseher eines Modells um 12% an. Da der Absatz dieser Fernseher daraufhin deutlich zurückgeht, entschließt sich der Hersteller, den neuen Preis um 12% zu senken und macht folgende Werbung:

„Fernseher nach 12% Senkung so günstig wie früher!"

Nimm Stellung zu der Aussage in der Werbung.

Aufgabe 3

Ermittle durch geeignete Termumformungen, Äquivalenzumformungen und durch Überlegen die Lösungsmengen folgender Gleichungen in der jeweils angegebenen Grundmenge:

a) $0 = 5x - 10x^2$; $G_1 = \mathbb{Q}$; $G_2 = \mathbb{N}_0$

b) $x^2 - 8^2 = 6^2$; $G_1 = \mathbb{Z}$; $G_2 = \mathbb{Q}^+$

Aufgabe 4

Maria bringt ihr Erspartes auf die Bank und legt diesen Betrag für zwei Jahre an. Im ersten Jahr wird der Betrag mit 3,0% verzinst im zweiten Jahr mit 4,0% Zinsen. Nach zwei Jahren sind 2142,40 € auf ihrem Konto. Welchen Geldbetrag brachte Maria zur Bank?

Aufgabe 5

Tante Erna stellt folgendes Rätsel:

„Heute ist mein Mann Sigmar dreimal so alt wie mein Sohn Benjamin. Vor sechs Jahren war Sigmar fünfmal so alt wie Benjamin. Nun sag mir, wie alt Sigmar und Benjamin heute sind?"

Löse das Rätsel. Der Lösungsweg muss klar zu erkennen sein!

Aufgabe 6

Berechne den Mittelwert folgender Zahlen:

$-8;\ 14;\ 72;\ 29;\ -7;\ 5;\ 68;\ 47$

Viel Erfolg!

mögliche Punkteverteilung

Aufgabe	1a	1b	1c	1d	2	3a	3b	4	5	6	
Punkte	4	3	2	1	4	2	2	4	4	3	**29**

3. Mathematikschulaufgabe - Lösungen

Vorüberlegungen

Themen von 3. Schulaufgaben sind „Vereinfachen von Termen“ und „Prozentrechnung mit Daten und Diagrammen und „Gleichungen“.

Zu Aufgabe 1 ✓
Es handelt sich um eine klassische Aufgabe aus dem Bereich Daten und Datendiagramme. Die Interpretation von Kreisdiagrammen wird sehr gerne in der 7. Klasse geprüft. Sei es, dass man ein Kreisdiagramm lesen kann bzw. wie hier, eins erstellen kann. Balken- und Säulendiagramme werden bereits in der 5. Klasse eingeführt.
Teilaufgabe b) war auch schon Thema in der 6. Klasse (Berechnung von Anteilswerten).

Zu Aufgabe 2
Auch hier handelt es sich um eine klassische Prozentaufgabe. Dabei steht aber nicht der Dreisatz im Vordergrund, sondern die Formel Prozentwert = Grundwert · Prozentsatz. Die Teilaufgaben verlangen ein auflösen der Formel, einmal nach dem Grundwert und einmal nach dem Prozentsatz.

Zu Aufgabe 3 ✓
Diese Aufgaben widmet sich dem Lösen von Gleichungen - als reine Algebra-Aufgaben. Im Gegensatz zum G9 gehen hier die Aufgaben nicht so in die Tiefe. Aber Achtung - es gibt Schulaufgaben von Lehrern, die noch sehr G9-lastig sind. Diese Aufgabe ist sehr fair gestellt.

Zu Aufgabe 4 ✓
Es ist eine anspruchsvollere Aufgabe bzgl. der Zinsrechnung als Sonderfall der Prozentrechnung.

Zu Aufgabe 5 ✓
Auch hier wiederum eine typische Textaufgabe (Altersaufgabe), die durch eine Gleichung zu lösen ist. „Altersaufgaben“ und „Mischungsaufgaben“ sind beliebte Schulaufgaben. Die systematischen Lösungsverfahren erlauben eine schnelle und einfache Lösung, sollte aber im Schulunterricht gut gelehrt worden sein.

Zu Aufgabe 6
Einfache anspruchslose Aufgabe, um einen Mittelwert zu errechnen.

Fazit
Standardschulaufgabe ohne Höhepunkte.

Gesamtpunkte: **29**

Punkte	29 - 26	25 - 21	20 - 15	14 - 7	6 - 4	3 - 0
Note	1	2	3	4	5	6

Lösung Schulaufgabe 3.1

Aufgabe 1

Hinweise und Tipps

- zu a) Da der Vollwinkel 360° eine Umdrehung und auch der Gesamtanzahl von 30 Schülern entspricht, errechnet sich der jeweilige Mittelpunktswinkel indem man den Anteil $\frac{30}{360}$ mit der jeweiligen Schüleranzahl multipliziert.
- zu c) Denke daran: $p\% = \frac{p}{100}$
- zu d) Diagramme dienen zur Interpretation und visuellen Veranschaulichung von Verteilungen

a) Bei 30 Schülern entspricht im Kreisdiagramm jedem Schüler ein Winkel 360° : 30 = 12°.
Folglich gilt:

Note	**1**	**2**	**3**	**4**	**5**	**6**
Anzahl	4	5	12	6	3	0
Innen-winkel	$4 \cdot 12° =$ 48°	$5 \cdot 12° =$ 60°	$12 \cdot 12° =$ 144°	$6 \cdot 12° =$ 72°	$3 \cdot 12° =$ 36°	$0 \cdot 12° =$ 0°

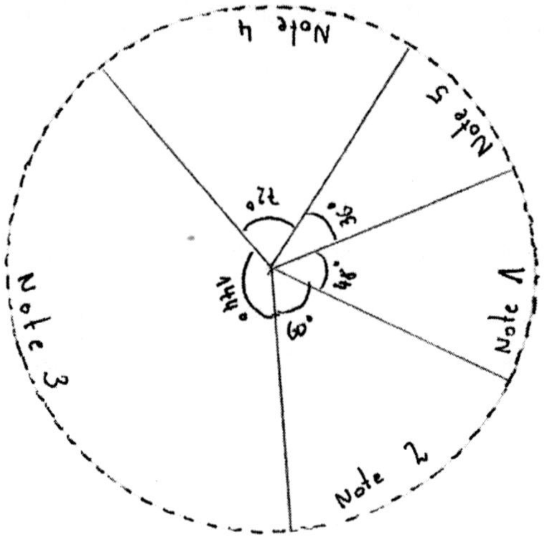

b) Durchschnitt $= (4 \cdot 1 + 5 \cdot 2 + 12 \cdot 3 + 6 \cdot 4 + 3 \cdot 5 + 0 \cdot 6) : 30 = 89 : 30 = 2{,}97$
Der Notendurchnitt liegt bei 2,97.

c) 9 Schüler erreichten eine Note besser als 3.
100 % entsprechen 30 Schüler
x % entsprechen 9 Schüler $\quad x = (100 : 30) \cdot 9 = 30$
30 % der Schüller erreichten eine Note besser als 3.

Ebenfalls 9 Schüler erreichten eine Note schlechter als, also ebenfalls 30 %.

d) Ja, ein Balken- oder Säulendiagramm wäre auch nützlich gewesen um die Notenverteilung zu visualisieren. Auch aus einem Balkendiagramm kann man die Notenverteilung interpretieren.

Aufgabe 2

Hinweise und Tipps

- Bei Prozentaufgaben ist immer zu überlegen: „Was ist der Grundwert?". Wende dann den Dreisatz an, wobei der Grundwert immer 100% entspricht.
- Du kannst 12% oder auch 112% direkt ausrechnen
- Du kannst zur Beantwortung der Frage auch ein Rechenbeispiel heranziehen

Der Fernseher ist nach der 12%- gen Senkung sogar noch günstiger als vor der 12%- gen Erhöhung. Vor der Erhöhung waren 100% des Preises der Ausgangspunkt (Grundwert). Vor der Senkung sind 112% des alten Wertes der Ausgangspunkt.
Beispiel: Fernseher kostet 1000 €. Nach der 12% Erhöhung kostet dieser 1120 €.
Die Preissenkung erfolgt auf den Grundwert von 1120 €. 88% (100% − 12%) von 1120 € sind 985,60. Der Fernseher ist günstiger als vor der Erhöhung.

Aufgabe 3

Hinweise und Tipps

- Das Ausklammern von x nennt man auch faktorisieren.
  Den Begriff „Faktor" hast du schon beim Produkt kennengelernt. Faktorisieren heißt: In ein Produkt verwandeln.
- Die Gleichung wird 0, falls ein Faktor gleich 0 wird.
- Die Menge $\mathbb{N}_0$ bedeutet: Die Menge der natürlichen Zahlen inklusive der 0.

a) $0 = 5x - 10x^2$ | 5x ausklammern
$5x \cdot (1 - 2x) = 0$
$x_1 = 0$ und $1 - 2x = 0$, also $x_2 = 0{,}5$
x_2 gehört nicht zu $\mathbb{N}_0$. Also bei $G = \mathbb{N}_0$: $L = \{0\}$
Bei $G = \mathbb{Q}$: $L = \{0; 0{,}5\}$

b) $x^2 - 4^2 = 3^2 \quad \Leftrightarrow \quad x^2 - 16 = 9 \quad |+16 \quad x^2 = 25$
Die Gleichung wird von $x_1 = -5$ und $x_2 = 5$ gelöst.
Grundmenge $\mathbb{Z}$: $L = \{-5; 5\}$
Grundmenge $\mathbb{Q}^+$: $L = \{5\}$

Aufgabe 4

Hinweise und Tipps

- Bezeichne das Anfangskapital mit K.
- Denke daran: 3% = 0,03 bzw. 4% = 0,04 bzw. 100% = 1
- Folgender Zusammenhang besteht zwischen der Prozent- und Zinsrechnung:

Zinsrechnung	Prozentrechnung
Kapital	*Grundwert G*
Zinsen	*Prozentwert W*
Zinssatz	*Prozentsatz p*

<u>Zinsen im 1. Jahr</u>:
Zinsen = Kapital · Zinssatz = K · 0,03 = 0,03K €
Nach einem Jahr beträgt Marias Guthaben (100% + 3%) K = 1,03 K. Dieses Geld ist das (Start-)Kapital für das 2. Jahr.

<u>Zinsen für das 2. Jahr</u>:
Zinsen: (1,03K) · 0,04 = 0,0412K .
Nach 2. Jahren beträgt das Kapital von Maria 1,03K · 1,04 = 1,0712K

1,0712K = 2142,20 ⇔ K = 2142,20 : 1,0712 = 2000.
Maria brachte 2000 € zur Bank.

Lösung Schulaufgabe 3.1

Aufgabe 5

Hinweise und Tipps

Stelle eine Tabelle auf.

Versuche „heute" für Sigmar und Benjamin mit x auszudrücken. Wähle dabei das Alter für eine Person mit x Jahre alt.

Bilde dann für beide Personen einen Term, der jeweils das Alter vor 6 Jahren in Abhängigkeit von x ausdrückt.

Setze dann die Beziehung "vor 6 Jahren" in eine Gleichung um, die du dann löst.

Benjamin heute: x	Sigmar heute: $3\cdot x$
Benjamin vor 6 Jahren: $x - 6$	Sigmar vor 6 Jahren: $3x - 6$

Vor 6 Jahren galt folgende Beziehung:

$5\cdot(x-6) = 3x - 6 \quad \Leftrightarrow \quad 5x - 30 = 3x - 6 \;|\; -3x + 30 \quad \Leftrightarrow \quad 2x = 24 \;|:2 \quad \Leftrightarrow \quad x = 12$

Benjamin ist jetzt **12 Jahre**, Sigmar jetzt **36 Jahre** alt.

Aufgabe 6

Hinweise und Tipps

- Der arithmetische Mittelwert einer Menge von Zahlen ergibt sich, indem man die Summe der Zahlen durch ihre Anzahl dividiert.
- Lass dich nicht durch die negativen Zahlen irritieren
- Der Mittelwert muss keine ganze Zahl sein. Hier ist das Ergebnis ein Dezimalbruch.

Anzahl der Zahlen: 8

$\text{Mittelwert} = (-8 + 14 + 72 + 29 - 7 + 5 + 68 + 47) : 8 = 220 : 8 = 27{,}5$

Der Mittelwert ist **27,5.**

3. Schulaufgabe aus der Mathematik

Aufgabe 1
Bestimme die Lösungsmenge folgender Gleichung über der Grundmenge $\mathbb{Q}$:

$8 - 7\cdot(6x - 5) - x^2 = (x - 2)\cdot(4 - x) + 19$

Aufgabe 2
Bestimme durch Überlegung die Lösungen.

a) $(x - 2) \cdot (x + 1) = 0$

b) $x \cdot (x - 1{,}5) = 0$

c) $x^2 - 4x = 0$

Aufgabe 3
Apotheker Mixer stellt aus 30%iger Essigessenz und 1 l Wasser 5% igen Essig her. Wie viel Essigessenz muss er dem Wasser zufügen?

Aufgabe 4
Ein quadratisches Grundstück hat die Länge a = 40 m.

a) Um wie viel Prozent vergrößert sich der Flächeninhalt des Grundstücks, wenn man die Länge um 10 m vergrößert? Wie groß ist der Wachstumsfaktor?

b) Die ursprüngliche Länge des Grundstücks wird auf 20 m verkleinert. Um wie viel Prozent ist nun der Flächeninhalt kleiner geworden? Wie groß ist der Abnahmefaktor?

c) Das Grundstück wird zum Rechteck. Um wie viel Prozent müsste man die Breite vergrößern, wenn die ursprüngliche Länge um 20% verkleinert wird und der Flächeninhalt gleich bleiben soll?

Aufgabe 5
Anton, Bertha, Christian und Dorothea erhalten 21 € Taschengeld im Monat. Groß-Hans bekommt pro Monat 116 €. Merlin sagt: Durchschnittlich beträgt euer Taschengeld 40 € im Monat.
Lässt sich diese Aussage rechnerisch begründen. Wenn ja, zeige es.
Wie beurteilst du die Aussage?

Aufgabe 6
a) Stelle jeweils eine Gleichung passend zum Zahlenrätsel auf und löse diese.

I) Wenn du von 280 das Doppelte einer Zahl subtrahierst, erhältst du 50.
Bestimme die gesuchte Zahl.

II) Wenn du vom 4-fachen einer Zahl 20 subtrahierst erhältst du das gleiche Ergebnis falls du zum Drittel dieser Zahl 13 addierst.
Bestimme die gesuchte Zahl.

b) Erfinde ein Zahlenrätsel zur Gleichung $5x + 48 = x - 4$.

Viel Erfolg!

mögliche Punkteverteilung

Aufgabe	1	2a	2b	2c	3	4a	4b	4c	5	6a1	6a2	6b	
Punkte	4	2	2	2	4	2	2	2	4	2	2	2	**30**

Aufgabe 1 ✔

Hinweise und Tipps

- Denke an die „***KlaPPS***"-Regel:
  Zuerst Klammern ausrechnen „***Kla***"
  Dann ***P***otenzen
  Dann ***P***unktrechnung
  Zum Schluss ***S***trichrechnung
- Bei solch „längeren" Aufgaben ist es angebracht die Rechnungen auszuschreiben (nicht als Nebenrechnungen). Somit hat der Lehrer bei Rechenfehler dann auch Folgefehler zu erkennen.
- Achtung „−Falle": $-7\cdot(-5) = +35$
- Keine Angst vor dem x^2. in der Regel hebt sich x^2 auf.
- „Alles mit x" auf die linke Seite; „Alles ohne x" auf die rechte Seite

$8 - 7\cdot(6x - 5) - x^2 = (x - 2)\cdot(4 - x) + 19$	| Ausklammern
$8 - 42x + 35 - x^2 = 4x - x^2 - 8 + 2x + 19$	| Zusammenfassen
$43 - 42x - x^2 = 6x - x^2 + 11$	| $+x^2 - 6x - 43$
$-42x - 6x = 11 - 43$	| Zusammenfassen
$-48x = -32$	| $:(-48)$
$x = \frac{32}{48}$	| Kürzen
$\mathbf{x = \frac{2}{3}}$ $\quad\quad \mathbb{L} = \{ \frac{2}{3} \}$	

Aufgabe 2 ✔

Hinweise und Tipps

zu a) Du musst hier nur wenig rechnen: Die linke Seite ist jeweils ein Produkt mit zwei Faktoren; das Produkt wird schon Null, falls einer der beiden Faktoren Null wird.

zu b) Hier musst du zuerst ausklammern, dann erhältst du $x\cdot(x-4) = 0$. Dann kannst du die Überlegung aus a) anwenden.

a) $(x - 2) \cdot (x + 1) = 0$
$x - 2 = 0$ oder $x + 1 = 0$, also
$x = 2$ oder $x = -1$ $\quad\quad \mathbb{L} = \{2; -1\}$

b) $x \cdot (x - 1{,}5) = 0$
$x = 0$ oder $x - 1{,}5 = 0$, also
$x = 0$ oder $x = 1{,}5$ $\quad\quad \mathbb{L} = \{0; 1{,}5\}$

c) $x^2 - 4x = 0$
$x \cdot (x - 4) = 0$
$x = 0$ oder $x - 4 = 0$, also
$x = 0$ oder $x = 4$ $\quad\quad \mathbb{L} = \{0; 4\}$

Lösung Schul-aufgabe 3.2

Aufgabe 3

Hinweise und Tipps

- Denke daran: 30% = 0,3 und 5% = 0,05
- Die linke Seite unten stehender Gleichung ist die Summe der einzelnen Flüssigkeiten, wobei aber das Wasser 0% Essiganteil hat, was zur Verdeutlichung in die Gleichung mit aufgenommen wurde.

$0{,}3x + 0 \cdot 1 = 0{,}05 \cdot (x + 1) \quad \Leftrightarrow \quad | \cdot 100$

$30x = 5 \cdot (x+1) \quad \Leftrightarrow$

$30x = 5x + 5 \quad \Leftrightarrow \quad | -5x$

$25x = 5 \quad \Leftrightarrow \quad | : 25$

$x = 0{,}2$

Antwort: Herr Mixer muss **0,2 l** Essigessenz hinzufügen.

Aufgabe 4

Hinweise und Tipps

- Beim Prozentrechnen gilt die alles entscheidende Formel

  Grundwert (G) · Prozentsatz (p) = Prozentwert (W)

  Kurz: $G \cdot p = W$
- Merke dir: „Prozentsatz vom Grundwert ist Prozentwert“
- Obige Formel nach dem Grundwert aufgelöst: $G = \frac{W}{p}$
- und nach dem Prozentsatz aufgelöst: $p = \frac{G}{W}$
- Wird der Grundwert um p Prozent erhöht, so steigt der Grundwert auf das $(1 + \frac{p}{100})$ - Fache des ursprünglichen Grundwertes.

  Dann heißt $(1 + \frac{p}{100})$ der **Wachstumsfaktor.**
- Wird der Grundwert um p Prozent vermindert, so nimmt der Grundwert auf das $(1 - \frac{p}{100})$ - Fache des ursprünglichen Grundwertes ab.

  Dann heißt $(1 - \frac{p}{100})$ der **Abnahmefaktor.**

a) Flächeninhalt $A = 40\text{ m} \cdot 40\text{ m} = 1600\text{ m}^2$ (entspricht dem Grundwert G).
Neuer Flächeninhalt $A' = 50\text{ m} \cdot 50\text{ m} = 25000\text{ m}^2$ (entspricht dem Prozentwert W)
Dann ergibt sich: $p = \frac{W}{G} = \frac{2500}{1600} = 1{,}5625$
Der Wachstumsfaktor ist **1,5625.**
Die Differenz von 1,5625 - 1 = 0,5625 = 56,25%.
Der Flächeninhalt des neuen Quadrats erhöht sich um **56,25%.**

b) Ursprünglicher Flächeninhalt: $A = 1600\text{ m}^2$ (entspricht dem Grundwert G).
Neuer Flächeninhalt: $A' = 20\text{ m} \cdot 20\text{ m} = 400\text{ m}^2$ (entspricht dem Prozentwert W).
Prozentsatz: $p = \frac{W}{G} \cdot 100 = \frac{400\text{m}^2}{1600\text{m}^2} \cdot 100 = 25\%$.

Der Flächeninhalt verkleinert sich um 75%.
Der Abnahmefaktor ist **0,25.**

Lösung Schulaufgabe 3.2

c) Ursprünglich: Länge a, Breite a. Flächeninhalt $A = a \cdot a$.
Neu: $a' = 0{,}80 \cdot a$, Breite b'. Flächeninhalt $A' = a' \cdot b'$.

Nach Voraussetzung gilt $A = A'$, also: $a \cdot b = a' \cdot b'$.
Nach b' auflösen und $a' = 0{,}80 \cdot a$ ersetzen ergibt:

$$b' = \frac{a}{a'} \cdot b = \frac{a}{0{,}80 \cdot a} \cdot b = 1{,}25 \cdot b.$$

Die neue Breite muss um 25% größer sein als die ursprüngliche Breite.

Aufgabe 5

Hinweise und Tipps

- Untersucht wird hier der Durchschnitt, was ja nichts anderes ist als das arithmetische Mittel.
- Nicht immer kann das arithmetische Mittel zum Vergleich herangezogen werden.
- In einigen Schulen wird der Lehrstoff bzgl. der beschreibenden Statistik ausführlicher besprochen. Jedoch ist die Einführung der Kenngrößen „Modalwert" und „Median" optional.

a) Ja, der Durchschnitt kann errechnet werden.
Durchschnitt $= \frac{1}{5} \cdot (4 \cdot 21\ € + 116\ €) = \frac{1}{5} \cdot 200\ € = 40\ €$
Die Aussage stimmt.

b) Nicht immer ist es sinnvoll, den Durchschnitt als Vergleich zu nutzen. Die Höhe des Taschengeldes
von Groß-Hans ist ein „Ausreißer" und verfälscht das arithmetische Mittel.
(Sinnvollere Größen zum Vergleich sind: Modalwert - häufigste Wert oder der Median -Wert in der Mitte. Beide Größen ergeben hier 21 €.)

Aufgabe 6 ✓

a I) Gleichung: $280 - 2x = 50$

Lösung:

$280 - 2x = 50 \quad | -280$

$-2x = 230 \quad | :(-2)$

$x = 135$

$\mathbb{L} = \{135\}$

a II) Gleichung: $4x - 20 = \frac{1}{3}x + 13$

Lösung:

$4x - 20 = \frac{1}{3}x + 13 \quad | -\frac{1}{3}x + 20$

$4x - \frac{1}{3}x = 33$

$\frac{11}{3}x = 33 \quad | \cdot \frac{3}{11}$

$\mathbb{L} = \{9\}$

Lösung Schul-aufgabe 3.2

b)
Wenn du zum 5-fachen einer Zahl 48 addierst, erhältst du die Zahl um 4 vermindert.

Lösung:

$5x + 48 = x - 4 \quad | -x - 48$

$4x = 52 \quad | : 4$

$x = 13$

L= {**13**}

Gesamtpunkte: **30**

Punkte	30 - 27	26-21	20 - 16	15 - 11	10 - 3	2 - 0
Note	1	2	3	4	5	6

Wann sind zwei Dreiecke kongruent

Interpretation von Funktionsgraphen

Wie errechne ich den Noten-durchschnitt

Was muss ich über Dreiecke wissen

Planfiguren sind fast wichtiger als die Konstruktion

Schulaufgaben 4

Kann ich Dreiecke immer konstruieren

Kongruente Figuren sind deckungsgleich

Gleichseitige Dreiecke sind besondere Dreiecke

4. Schulaufgabe aus der Mathematik

Aufgabe 1

Was kannst du über ein Dreieck aussagen, bei dem
a) eine Höhe gleichzeitig Mittelsenkrechte ist?
b) der Höhenschnittpunkt außerhalb des Dreiecks liegt?
c) eine Höhe gleichzeitig Winkelhalbierende ist?
d) der Umkreismittelpunkt auf einer Dreiecksseite liegt.
e) Winkelhalbierende, Höhen und Mittelsenkrechten zusammen fallen?

Gib jeweils eine kurze Begründung.

Aufgabe 2

Nimm Stellung zu folgender Behauptung und begründe deine Antwort.

a) "Aus drei Stäben mit den Längen 1,23 dm, 85 mm und 3,8 cm kann kein Dreieck gelegt werden."

b) „Zu vier Punkten A, B, C und D, die nicht Eckpunkte eines Rechtecks sind, gibt es einen Punkt E, der von diesen Punkten jeweils den gleichen Abstand hat."

Aufgabe 3

a) Konstruiere das Dreieck (ohne Konstruktionsplan) mit $a = 6$ cm, $c = 9$ cm und $\alpha = 40°$.
b) Welche Größe müsste man ändern, damit die Lösung eindeutig ist?

Aufgabe 4

a) Wähle auf der Basis $\overline{AB}$ eines gleichschenkligen Dreiecks ABC einen Punkt D, der diese Basis nicht halbiert. Welche Beziehung besteht zwischen α und β?

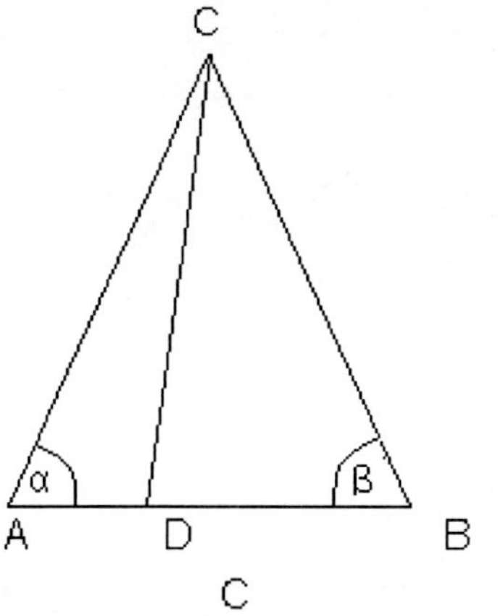

b) Zeige, dass die beiden Dreiecke Δ ADC und Δ DBC aus a) in zwei Seiten und einem Winkel übereinstimmen, und erkläre, warum sie trotzdem nicht kongruent sind.

c) Das folgende Dreieck hat dieselben Eigenschaften wie in a). Jetzt gilt jedoch zusätzlich $\overline{AD} = \overline{DB}$. Die Figur enthält zwei kongruente Dreiecke.

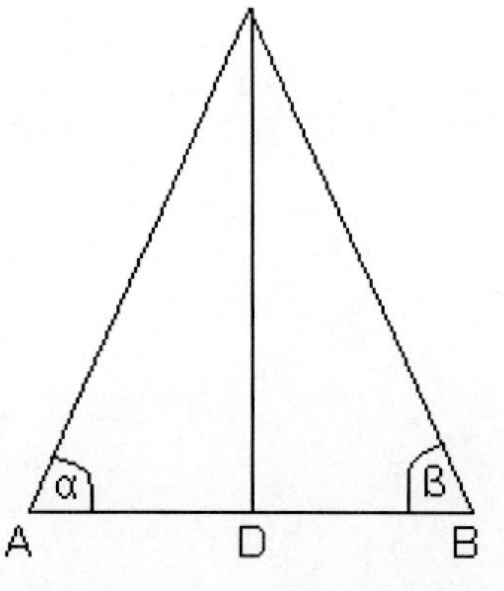

Schreibe die Kongruenz dieser Dreiecke richtig auf und begründe genau, warum diese Kongruenz gilt.

d) Wie groß sind die Winkel ∢CDA und ∢BDC in der Dreiecke in c)? Fasse die Ergebnisse in einem präzisen mathematischen Satz zusammen.

Bitte wenden!

Aufgabe 5

Von einem Viereck ABCD kennt man die Längen der Seiten:
$\overline{AB} = \overline{AD} = 4$ cm und $\overline{BC} = \overline{DC} = 6$ cm.
M ist der Schnittpunkt der Strecken [AC] und [BD].

a) Warum sind die Dreiecke Δ ABC und Δ ADC kongruent?
(Gib die gleich großen Stücke und den zugehörigen Kongruenzsatz an!)

b) Warum sind die Dreiecke Δ ABM und Δ ADM kongruent?
(Gib die gleich großen Stücke und den zugehörigen Kongruenzsatz an!)

c) Warum ist AC die Mittelsenkrechte der Strecke [BD]?

Viel Erfolg!

mögliche Punkteverteilung

Aufgabe	1a	1b	1c	1d	1e	2a	2b	3a	3b	4a	4b	5a	5b	65c	
Punkte	1	1	1	1	1	2	2	3	2	2	2	2	2	1	**23**

4. Mathematikschulaufgabe - Lösungen

Vorüberlegungen

Themen von 4. Schulaufgaben sind „Kongruenz und Dreiecke“ und „Besondere Linien im Dreieck und Konstruktionen“. In dieser Schulaufgabe wird auch aus dem Thema „

Zu Aufgabe 1

Es ist eine reine Abfrageaufgabe und wenn der Stoff gut gelernt wurde, sollte diese Aufgabe keine Schwierigkeiten bereiten. Die besonderen Linien in Dreiecken spielen auch in der Oberstufe (Vektorrechnung) eine besondere Rolle. Auch deswegen ist der Stoff wichtig und sollte von dir beherrscht werden

Zu Aufgabe 2

Die Frage nach der Konstruierbarkeit von Dreiecken fließt später oft in Teilaufgaben ein, die manchmal die „Einserbremse“ sind. Also die Erfüllung der Dreiecksungleichung als auch die Eigenschaft, dass einem größeren Winkel die größere Seite gegenüberliegt sollte ab jetzt zum Grundwissen gehören. Teilaufgabe b) ist eine Nachdenkaufgabe - hier vielleicht die Einserbremse.

Zu Aufgabe 3

Kongruenz ist hauptsächlich in der 7. Klasse ein großes Thema. Diese Aufgabe ist eine Variation über den Nachweis von kongruenten Dreiecken. Die Eigenschaft, dass alle 3 Innenwinkel in einem Dreieck 180^0 ergeben, findet Eingang in diese Aufgabe.

Zu Aufgabe 5

Diese Aufgaben ist sind weitere Variationen die Kongruenzsätze zu prüfen.

Fazit

Insgesamt eine faire Schulaufgabe, jedoch sehr lastig zum Thema „Kongruenzsätze“, zumal in den weiterführenden Klassen dieses Thema nicht mehr groß in Erscheinung tritt - ausgeschlossen natürlich der BMT10 „Bayerischer Mathematiktest“ in der 10. Klasse.

Gesamtpunkte: **23**

Punkte	23 - 20	19 - 15	14 - 10	9 - 7	6 - 4	3 - 0
Note	1	2	3	4	5	6

Lösung Schul-aufgabe 4.1

Aufgabe 1

Tipps und Hinweise

- Generell ist es hilfreich, dass du folgende Dreiecksarten und deren Eigenschaften kennst:
  - spitzwinklige, stumpfwinklige und rechtwinklige - Diese Dreiecksarten bestimmen sich aus der Größe von Winkeln.
- zu d) Die Mittelsenkrechten eines Dreiecks schneiden sich immer in einem Punkt. Dieser Punkt ist der Mittelpunkt des Umkreises.

a) Das Dreieck ist *gleichschenklig.*
Ein Höhenfußpunkt liegt auf der Mitte einer Seite. Diese Höhe (und auch die Mittelsenkrechte) bildet dann die Symmetrieachse.
Falls nun noch eine weitere Höhe mit der entsprechenden Mittelsenkrechten zusammenfällt, dann handelt es sich sogar um ein gleichseitiges Dreieck.

b) Das Dreieck ist *stumpfwinklig.*
In *stumpfwinkligen* Dreiecken liegt der Höhenschnittpunkt außerhalb des Dreiecks.
Der Höhenfußpunkt liegt auf der Verlängerung der entsprechenden Dreiecksseite.

c) Das Dreieck ist *gleichschenklig.*
Die Höhe bildet wiederum eine Symmetrieachse.

Falls nun noch eine weitere Höhe mit der entsprechenden Winkelhalbierenden zusammenfällt, dann handelt es sich sogar um ein gleichseitiges Dreieck.

d) Das Dreieck ist *rechtwinklig.*
Die beiden Mittelsenkrechten der Katheten schneiden sich im Mittelpunkt der Hypotenuse.

e) Das Dreieck ist *gleichseitig.*
Es gibt drei Symmetrieachsen, die dann die entsprechenden Höhen, Mittelsenkrechten und Winkelhalbierenden bilden.

Aufgabe 2

Tipps und Hinweise

- zu a) Die Dreiecksungleichung $a + b > c$ bedeutet, dass in einem Dreieck die Summe der Länge zweier Dreiecksseiten immer größer ist als die Länge der dritten Seite.
- zu b) Falls die vier Punkte auf einem Rechteck liegen, so ist der Mittelpunkt des Umkreises der Schnittpunkt der Diagonalen. Die Thaleskreise über den Diagonalen liefern die Eckpunkte des Rechtecks.
- zu b) Zusatz: Betrachte folgende Behauptung: "Zu beliebigen vier Punkten A, B, C und D, die nicht Eckpunkte eines Rechtecks sind, gibt es einen Punkt E, der von diesen vier Punkten den gleichen Abstand hat." Diese Behauptung ist **im Allgemeinen** falsch!

a) Die drei Stäbe haben die Längen
1,23 dm = 123 mm,
85 mm und
3,8 cm = 38 mm. Nun gilt hier: 123 mm = 85 mm + 38 mm. Für die drei Stablängen ist somit die Dreiecksungleichung nicht erfüllt. Demzufolge kann aus diesen Stäben kein Dreieck gelegt werden. Die Behauptung ist also zutreffend.

b)
Der angesprochene Punkt E soll von den vier Punkten A, B, C und D jeweils den gleichen Abstand haben. Dies ist nur möglich, wenn die Punkte A, B, C und D auf einem Kreis um E liegen.

Die Abbildung zeigt eine derartige Situation, bei der, wie gefordert, die Punkte A, B, C und D nicht Eckpunkte eines Rechtecks sind. Falls die vier Punkte auf einem Kreis liegen, dann gibt es einen solchen Punkt und die Behauptung ist zutreffend"

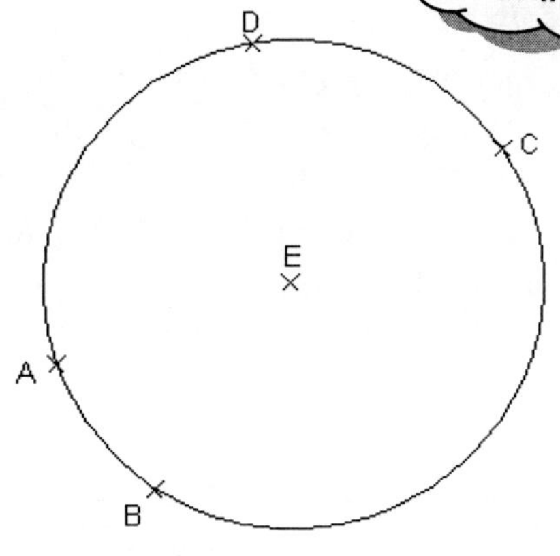

Aufgabe 3

Tipps und Hinweise

- Dreiecke lassen sich oft entsprechend den Kongruenzbedingungen konstruieren.
- In dieser Aufgabe sind zwei Seiten und ein Winkel gegeben: In Frage kommen die Konstruktionen nach sws und Ssw.
- sws: Zwei Dreiecke, die in zwei Seitenlängen und in dem eingeschlossenen Winkel übereinstimmen, sind kongruent. Diese Konstruktionen kommen in dieser Aufgabe nicht zur Ausführung.
- Ssw: Zwei Dreiecke, die in zwei Seitenlängen und in jenem Winkel übereinstimmen, der der längeren Seite gegenüberliegt, sind kongruent. Diese Voraussetzung ist nicht ganz erfüllt, da der Winkel gegeben ist, der der kürzeren Seiten gegenüberliegt.
- Die Zeichnung ist deshalb NICHT eindeutig. Du musst beide Lösungen einzeichnen.
- Damit die Dreieckskonstruktion eindeutig wird, muss die Voraussetzung nach SsW gegeben sein.

a) Die Konstruktion ist nicht eindeutig.

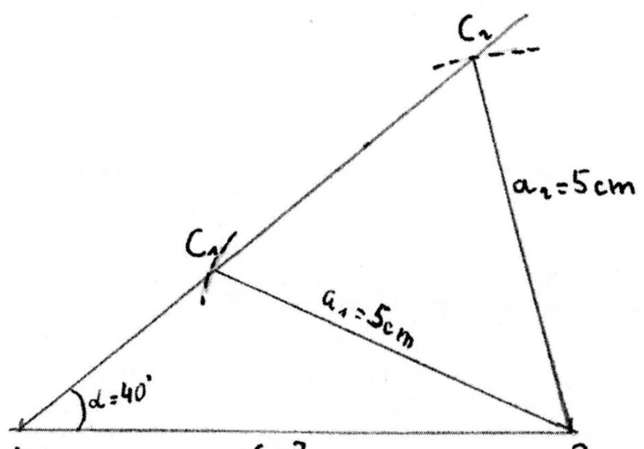

b) Wähle die Seiten a und c so, dass c kleiner als die Seite a ist. Dann wird die Eindeutigkeit nach dem SsW-Kongruenzkriterium erfüllt.

Aufgabe 4

Tipps und Hinweise

- zu a) In einem gleichschenkligen Dreieck sind neben den beiden Seiten (Schenkeln) auch zwei Winkel (Basiswinkel) gleich groß.
- zu b) Kongruenz nach **sws** bedeutet: (sws-Satz)
  Zwei Dreiecke, die in *zwei Seitenlängen* und in dem *eingeschlossenen Winkel* übereinstimmen, sind kongruent.
- zu b) Kongruenz nach **Ssw** bedeutet: (Ssw-Satz)
  Zwei Dreiecke, die in *zwei Seitenlängen* und in *jenem Winkel* übereinstimmen, der der *längeren Seite gegenüberliegt*, sind kongruent.
- zu c) Bei der Kongruenz von Dreiecken verwenden wir die Bezeichnung $\Delta ABC \cong \Delta DEF$ nur dann, wenn der Punkt A dem Punkt D, der Punkt B dem Punkt E und der Punkt C dem Punkt F entspricht, bei der entsprechenden Bewegung also A auf D, B auf E und C auf F abgebildet wird. Die Reihenfolge der Punkte bei der Bezeichnung eines Dreiecks ist daher von Bedeutung.
- zu c) Kongruenz nach **sss** bedeutet: (sss-Satz)
  Zwei Dreiecke, die in *drei Seitenlängen* übereinstimmen, sind kongruent.
- zu d) Die Nebenwinkel an einer Geradenkreuzung ergänzen sich zu 180^0.

a) Da das Dreieck mit der Basis $\overline{AB}$ gleichschenklig ist, gilt $\overline{AC} = \overline{BC}$ und $\alpha = \beta$.

b) Zusätzlich zu $\overline{AC} = \overline{BC}$ und $\alpha = \beta$ haben die beiden Dreiecke die Seite $\overline{CD}$ gemeinsam.

Falls die beiden Dreiecke kongruent sind, dann kann dies nur durch den sws- Satz oder den Ssw-Satz gezeigt werden. :

Zum sws-Satz:
Es handelt sich nicht um den von den beiden gleich langen Seiten eingeschlossenen Winkel, somit kommt dieser Satz nicht zur Anwendung.

Zum Ssw-Satz:

Im Δ ADC ist $\overline{AC}$ die größte Seite, der Winkel α liegt aber nicht gegenüber dieser Seite, somit kommt der Ssw-Satz nicht zur Anwendung. Die gleiche Überlegung gilt für Δ BCD bezüglich $\overline{BC}$ und dem Winkel β: Der Ssw-Satz kommt nicht zur Anwendung.

Also sind die Dreiecke ΔADC und ΔDBC nicht kongruent.

c) Es ist $\Delta ADC \cong \Delta BDC$

Nach a) gilt: $\overline{AC} = \overline{BC}$ und $\alpha = \beta$. Zusätzlich ist noch $\overline{AD} = \overline{DB}$. Somit sind die Dreiecke nach dem sss-Satz kongruent, d.h. die Dreiecke stimmen in drei Seiten überein.

d) Da die Dreiecke Δ ADC und Δ BDC kongruent sind, gilt $\measuredangle$CDA = $\measuredangle$BDC.
Weiter ist: $\measuredangle CDA + \measuredangle BDC = 180°$ (Nebenwinkel). Also: $\measuredangle CDA = \measuredangle BDC = 90°$.

Aufgabe 5

Tipps und Hinweise

- Die Schwierigkeit bei solchen Aufgaben besteht oft darin, die entsprechenden Teilfiguren zu erkennen und dann zu bearbeiten. Dabei kann es hilfreich sein, nur diese Teilfigur durch extra Skizze hervorzuheben und die Beweise mittels dieser herzuleiten.
- zu b) Kongruenz nach **sws** bedeutet: (sws-Satz)
  Zwei Dreiecke, die in *zwei Seitenlängen* und in dem *eingeschlossenen Winkel* übereinstimmen, sind kongruent.

Lösung Schul-aufgabe 4.1

- zu b) Kongruenz nach **Ssw** bedeutet: (Ssw-Satz)
  Zwei Dreiecke, die in *zwei Seitenlängen* und in *jenem Winkel* übereinstimmen, die der *längeren Seite gegenüberliegt*, sind kongruent
- zu c) Ein gleichschenkliges Dreieck ist achsensymmetrisch. Die Achse ist Höhe zur Basis. Diese Höhe ist identisch mit der Mittelsenkrechte und Winkelhalbierenden des gegenüberliegenden Winkels.

Planfigur (nicht maßstabsgetreu):

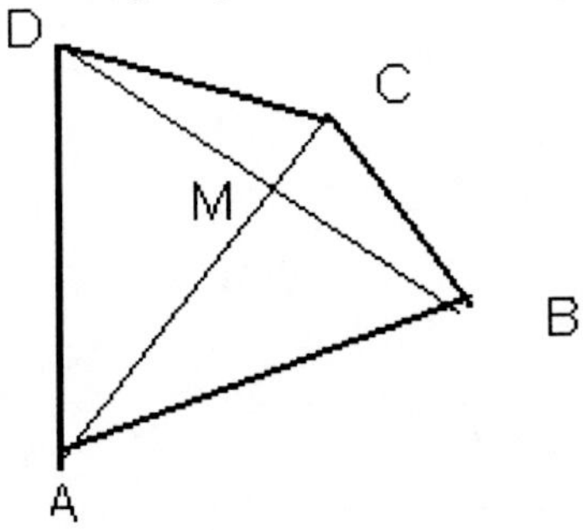

a) Es ist zu zeigen: $\Delta ABC \cong \Delta ADC$.

Der **sss-Satz** kommt hier zur Anwendung:

1. Übereinstimmung der Seitenlänge $\overline{AC}$.
2. Übereinstimmung (nach Voraussetzung) der Seite $\overline{AB} = \overline{AD}$.
3. Übereinstimmung (nach Voraussetzung) der Seite $\overline{DC} = \overline{BC}$.

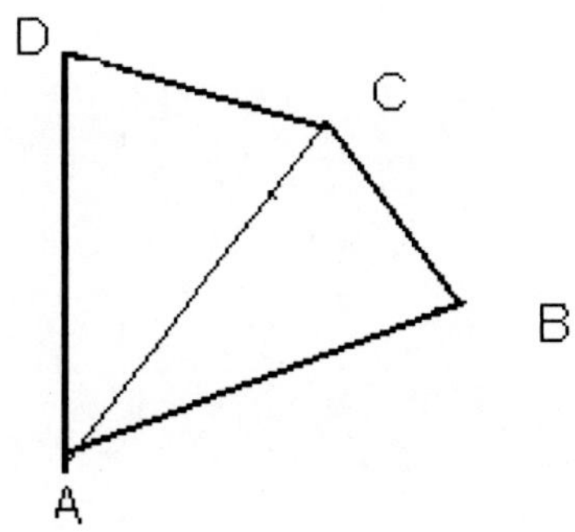

Somit sind die beiden Dreiecke kongruent.

b) Es ist zu zeigen: $\Delta ABM \cong \Delta ADM$

Der **sws-Satz** kommt hier zur Anwendung:

1. Übereinstimmung der Seitenlänge $\overline{AM}$.
2. Übereinstimmung (nach Voraussetzung) der Seite $\overline{AB} = \overline{AD}$.
3. Aus a) folgt: $\sphericalangle$MAD = $\sphericalangle$BAM. Dabei handelt es sich um den Winkel, der von den gleichlangen Seiten eingeschlossen wird.

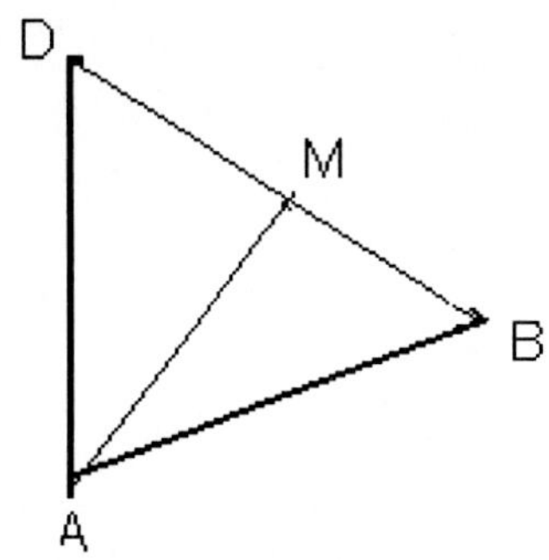

Somit sind die beiden Dreiecke kongruent.

c) Das Dreieck Δ ABD ist gleichschenklig mit den Schenkeln $\overline{AD}$ und $\overline{AB}$. Da nach Aufgabe b) der Winkel $\sphericalangle$DAB durch die Gerade AM halbiert wird, muss diese Gerade die Mittelsenkrechte sein.

4. Schulaufgabe aus der Mathematik

Aufgabe 1

a) Entscheide, welche der Behauptungen wahr oder falsch sind und begründe deine Antworten.

	Behauptung	wahr/falsch
A.	Ein Dreieck, bei dem alle Winkel 60° groß sind, ist ein gleichschenkliges Dreieck.	
B.	Hat ein Dreieck zwei stumpfe Winkel, dann ist die Winkelsumme größer als 180°.	
C.	Wenn ein Dreieck rechtwinklig ist, dann sind die beiden anderen Winkel spitze Winkel.	
D.	Gleichseitige Dreiecke sind immer kongruent.	

b) In einem gleichschenkligen Dreieck ABC ein Basiswinkel um 12° größer als der Winkel an der Spitze. Berechne die drei Winkelgrößen.

Aufgabe 2

Folgende Tabelle zeigt den Preisvergleich von einem alten und einem neuen Werbeplakat von vier elektronischen Geräten. Ergänze die Tabelle durch Eintragen der richtigen Werte.

Alter Preis in €	480,00		350,00	
Preisminderung um ...... %			10,0	12%
„Abnahmefaktor"		0,8		
Neuer Preis in €	400,00	500,00		660,00

Aufgabe 3

Von einem Dreieck ABC kennt man die Seite $a = 4{,}5$ cm, die Höhe $h_c = 3{,}5$ cm und die Länge der Winkelhalbierenden $w_\beta = 5{,}5$ cm. Fertige eine Planfigur und markiere die gegebenen Teile. Gebe eine Konstruktionsbeschreibung an. Führe die Konstruktion durch.

Aufgabe 4

Für die beiden Dreiecke Δ ABC und Δ A´B´C´ gilt:

$a = 5$ cm; $c = 7$ cm; $\gamma = 95°$ und

$a' = 7$ cm; $b' = 5$ cm; $\alpha' = 95°$

a) Erstelle Planskizzen (keine Konstruktion) der Dreiecke Δ ABC und Δ A´B´C´ und entscheide, ob diese Dreiecke mit diesen Angaben kongruent sein können. Begründe.

b) Warum wäre das Dreieck Δ ABC nicht konstruierbar, wenn $a = 7$ cm; $c = 5$ cm; $\gamma = 95°$ betragen würde?

Bitte wenden!

Aufgabe 5

Ein Kreis um die Spitze C im gleichschenkligen Dreieck Δ ABC schneidet die beiden Schenkel in den Punkten D und E. AE und BD schneiden sich im Punkt S.

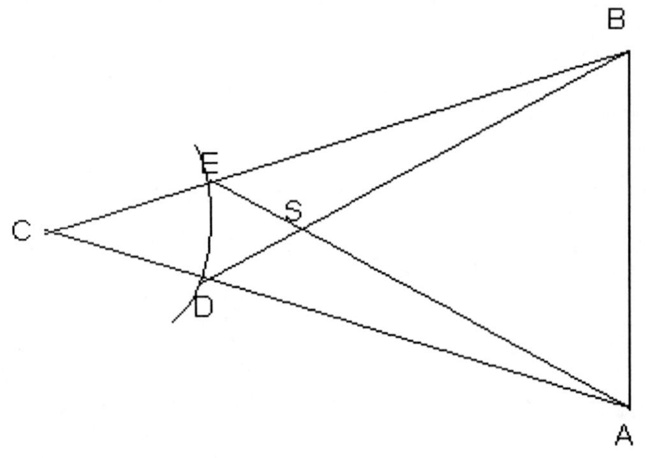

Begründe:

a) $\overline{AB} = \overline{BE}$ und $\Delta ABE \cong \Delta BAD$

b) $\Delta BCD \cong \Delta ACE$

Viel Erfolg!

mögliche Punkteverteilung

Aufgabe	1a	1b	2	3	3	4a	4b	5a	5b	
Punkte	4	3	4	6	5	3	2	2	2	**33**

Lösung Schul-aufgabe 4.2

Aufgabe 1 ✔

Hinweise und Tipps

- Denke daran, die Summe aller drei Innenwinkel eines Dreiecks ist 180^0.
- In einem gleichschenkligen Dreieck sind die Basiswinkel gleich groß.

a)

	wahr/falsch	Begründung
A.	wahr	Das Dreieck ist sogar ein gleichseitiges Dreieck. Ein gleichseitiges Dreieck ist auch gleichschenklig.
B.	falsch	Ein Dreieck kann keine zwei stumpfe Winkel haben. Denn dann wäre die Winkelsumme größer als 180°, was nicht sein kann.
C.	wahr	Wenn ein Dreieck rechtwinklig ist, so verbleiben neben dem rechten Winkel mit seinen 90° für die beiden anderen Dreieckswinkel zusammen nur noch die Größe 90°, d.h. diese beiden Winkel sind jeweils kleiner als 90°, und sind somit spitze Winkel.
D.	falsch	Kongruent heißt, dass die Dreiecke deckungsgleich sind. Es gibt aber gleichseitige Dreiecke, die unterschiedliche Seitenlänge besitzen.

b) Im *gleichschenkligen* Dreieck mögen die Basiswinkel jeweils die Größe $\alpha = \beta$ haben, der Winkel an der Spitze hat dann die Größe γ. Es gilt $\alpha = \gamma + 12°$.

Mit dem *Winkelsummensatz* im Dreieck ergibt sich:

$\alpha + \beta + \gamma = 180^0$

$\gamma + 12 + \gamma + 12 + \gamma = 180^0$

$3 \cdot \gamma = 156^0$ also:

$\gamma = 52^0$ und $\alpha = \beta = 52^0 + 12^0 = 64^0$

Das gleichschenklige Dreieck besitzt die Innenwinkel mit den Größen $\boldsymbol{\alpha = \beta = 64°}$ und $\boldsymbol{\gamma = 52°}$.

Aufgabe 2

Hinweise und Tipps

- Die Preise der vier elektronischen Geräte sind reduziert worden.
- Der *Grundpreis* bezieht sich immer auf „Alter Preis ". Der „Neuer Preis" ist der Prozentwert.
- Verringert man den Grundwert um p% so fällt er um den *Abnahmefaktor* $(1 - \frac{p}{100})$ auf das $(1 - \frac{p}{100})$ - fache seines ursprünglichen Wertes,

Alter Preis in €	480,00	*625,00*	350,00	*750,00*
Preisminderung um ...... %	*12,5 %*	*20 %*	10 %	12 %
„Abnahmefaktor"	*0,875*	0,8	*0,9*	*88 %*
Neuer Preis in €	400,00	500,00	*315,00*	660,00

Aufgabe 3 ✔

Hinweise und Tipps

- Achtung: Die Konstruktion ist nicht eindeutig.
- h_c ist die zur Seite c gehörende Höhe
- w_β ist die zur Seite b gehörende Winkelhalbierende
- Trick dabei ist: Zeichne eine Parallele zu c im Abstand h_c
- Die Konstruktion der Winkelhalbierenden muss ersichtlich sein (Kreisbögen). Es gilt nicht, den Winkel β abzulesen und dann die Hälfte antragen

Planfigur (nicht maßstabgetreu):

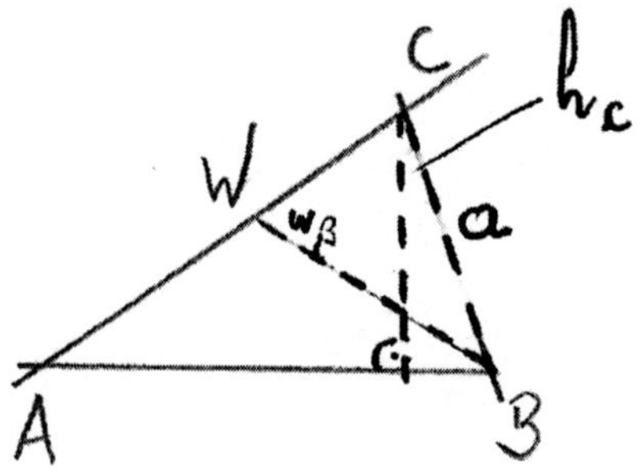

Konstruktionsbeschreibung

- Zeichne Halbgerade mit Endpunkt B
- Zeichne Parallel zu der Halbgeraden im Abstand von $h_c = 3{,}5$ cm.
- K(B; r = a = 4,5 cm) Kreis um B mit r = 4,5 cm schneidet die Parallele in C.
- Trage Winkelhalbierende an mit Endpunkt W.
- Die Verlängerung von [CW] über W schneidet die Halbgerade in A.
- Konstruktion ist nicht eindeutig

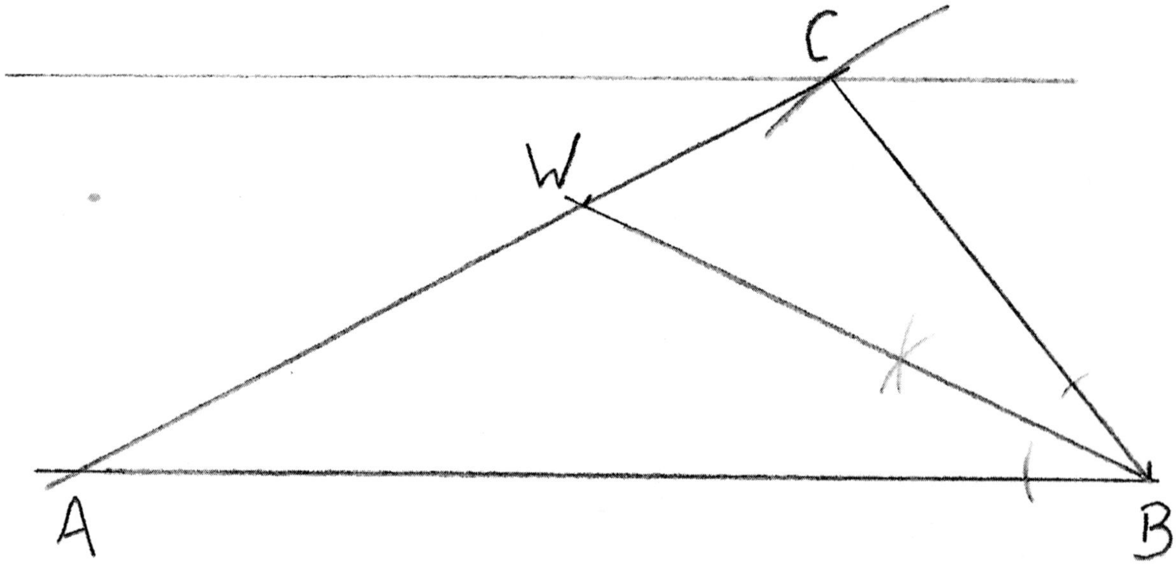

Aufgabe 4

Hinweise und Tipps

- zu a) Versuche auch in einer Planskizze so genau wie möglich zu sein, hier $\gamma > 90°$, $c > a$.
- zu a) Kongruenz nach **Ssw** bedeutet: (Ssw-Satz)
  Zwei Dreiecke, die in *zwei Seitenlängen* und in *jenem Winkel* übereinstimmen, der der *längeren Seite gegenüberliegt*, sind kongruent.
- zu b) In einem Dreieck kann es maximal einen stumpfen Winkel geben

Lösung Schulaufgabe 4.2

Planskizze ΔABC:

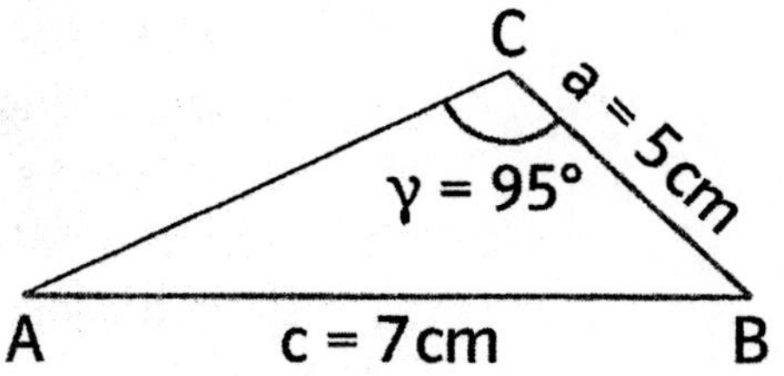

Planskizze ΔA´B´C´:

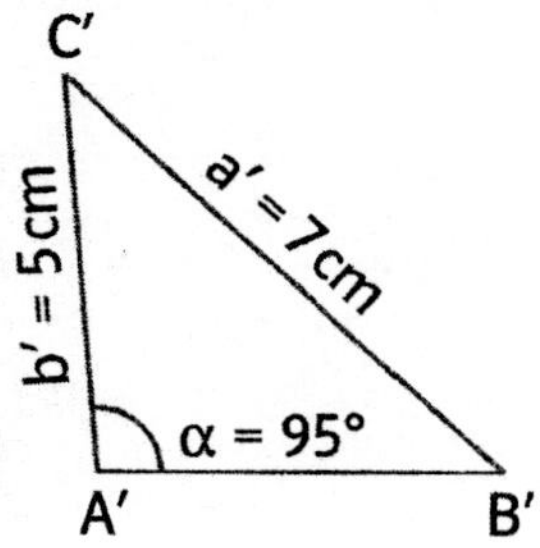

a)
Die beiden Dreiecke stimmen in zwei Seiten und in einem Winkel überein. Bei diesem Winkel (α bzw. γ) handelst es sich jeweils um den Winkel, der der größeren Seite gegenüber liegt. Also sind nach dem Ssw-Satz die beiden Dreiecke kongruent.

b)
$\gamma = 95°$ ist der größte Winkel in diesem Dreieck, denn nach dem Winkelsummensatz ist die Summe aller Innenwinkel 180°; es kann keinen weiteren Winkel geben, der größer als $\gamma = 95°$ ist. Diesem Winkel gegenüber liegt die Seite c = 5 cm, die kleiner ist als a = 7 cm.
Das steht jedoch im Widerspruch zur Tatsache, dass bei einem Dreieck der längsten Seite immer der größte Winkel gegenüberliegt und der kürzesten Seite der kleinste Winkel

Aufgabe 5 ✔

Hinweise und Tipps

- Kongruenz nach **sws** bedeutet: (sws-Satz)
  Zwei Dreiecke, die in *zwei Seitenlängen* und in dem *eingeschlossenen Winkel* übereinstimmen, sind kongruent.

a) Zu zeigen ist: $\overline{AD} = \overline{BE}$:

Das Dreieck Δ ABC ist gleichschenklig und somit gilt für die Schenkel: $\overline{CB} = \overline{CA}$.

Der Radius des Kreises sei r. Dann ist $\overline{AD} = \overline{AC} - r$ und $\overline{BE} = \overline{CB} - r$, somit gleich lang.

Zu zeigen ist: $\Delta ABE \cong \Delta BAD$:
Der sws-Satz kommt zur Anwendung:

1. Übereinstimmung der Strecke $\overline{AB}$, die in beiden Dreiecken eine Seite bildet.
2. Übereinstimmung der Längen $\overline{AD} = \overline{BE}$.
3. Da das ΔABC gleichschenklig ist, gilt ∡EBA = ∡EAB.

Somit sind beide Dreiecke kongruent.

b) Zu zeigen ist: $\Delta BCD \cong \Delta ACE$

Der sws-Satz kommt zur Anwendung:

1. $\overline{AC} = \overline{BC}$ (Schenkel des gleichschenkligen Dreiecks Δ ABC)
2. $\overline{AD} = \overline{BE}$ (nach a))
3. Den Winkel ∡BCA haben die beiden Dreiecke gemeinsam.

Somit sind die beiden Dreiecke kongruent.

Gesamtpunkte: **33**

Punkte	33 - 31	30-24	24 - 19	18 - 12	11 - 3	2 - 0
Note	1	2	3	4	5	6

Schulaufgaben
Mathematik, Physik, Englisch, Französisch

Du willst wissen:

- was in der Schulaufgabe drankommen könnte
- ob du dein Wissen anwenden kannst
- ob du alles in der vorgegebenen Zeit schaffst

- Typische **Schulaufgaben** Münchner Gymnasien: Darauf muss ich mich einstellen
- Ausführliche **Lösungen**: So sollte meine Antwort aussehen
- Tipps als Hilfestellungen: So kann ich mir die Arbeit erleichtern

➢ Bände **Mathematik** für Klasse **5, 6, 7, 8, 9, 10, 11** und **12**
➢ Bände **Physik** für Klasse **8, 9** und **10**
➢ Bände **Englisch** Klasse **5, 6, 7, 8** und **9** (Version **Green Line New** und **English G**)
➢ Bände **Französisch** Klasse **6, 7, 8** und **9** (Version **Découvertes** und **À plus!**)

➢ Zu bestellen siehe unten und in jeder Buchhandlung
➢ Je Band 14,95 €

Wir sind engagierte Lehrer mit jahrelanger Nachhilfeerfahrung und machen einen lockeren, aber kompetenten fächerübergreifenden Unterricht. Unsere Spezialität ist die Vorbereitung auf Schulaufgaben.

Wir haben eigene Kinder im Schulalter und kennen die schulischen Anforderungen und Hausaufgabenprobleme auch von der Elternseite.

DURCHBLICKER Lernstudio Arndt
www.durchblicker.org
info@durchblicker.org
Tel: 089 - **43 73 73 14**
Fax: 089 - 43 90 60 51

Vom Consultant zum Bildungstrainer

„Wir bereiten speziell auf Schulaufgaben vor": Claus Arndt beim Nachhilfeunterricht mit Schülerin Kathi und seinem Sohn Alexander.

Claus Arndt (57) hat mit seiner Frau im eigenen Haus ein Lernstudio eröffnet

Claus Arndt hat schon immer gerne unterrichtet. Dass der Dipl.-Mathematiker dieses Hobby irgendwann zum Beruf machen würde, war aber alles andere als vorhersehbar.

Seit den 80er Jahren hat der Vater zweier Söhne als Software-Ingenieur und Presales-Consultant gearbeitet, zuletzt 13 Jahre im selben Unternehmen. Doch 2004 war damit Schluss: „Die Firma hat mit einem Mal großflächig Personal abgespeckt", erzählt der Waldtruderinger. „Wer gehen wollte, konnte gehen". Die Entscheidung fiel Arndt leicht, auch weil er eine Abfindung erhielt. Was er damit anfangen würde, darüber muss er nicht lange grübeln. „Ich hatte schon als Student Repetitorien für BWL-Studenten gehalten und mochte die Arbeit immer gerne."

Mit seiner Frau Monika, Autorin und Übersetzerin, entschied er sich, im Keller ihres Hauses ein Nachhilfestudio zu eröffnen und selbst als **Bildungstrainer** zu arbeiten. „Wir hatten schon immer im Hinterkopf, dass hier in Waldtrudering die Klientel dafür da ist", sagt Arndt. Denn Nachhilfe ist ein Luxus.

Um sich vorzubereiten, heuerte Arndt ein Jahr als Aushilfslehrer für Mathematik an, zunächst in der Realschule Dachau, später im Heinrich-Heine-Gymnasium. Mittlerweile hat das **Durchblicker Lernstudio Arndt** einen festen Stamm von rund 25 Schülern, die regelmäßig kommen. Eine Stunde Bildungstraining kostet bis zu 50 Euro. „Es war die beste Idee, mich selbständig zu machen", sagt Arndt. „Nur eines bereue ich: Dass ich es nicht früher gemacht habe."

Arndt unterrichtet die Nachhilfeschüler in Mathematik, seine Frau in Englisch, Deutsch und Französisch. Wenn die Nachfrage groß genug ist, zum Beispiel zum Schuljahresende hin, helfen weitere Nachhilfelehrer mit aus.

„Wichtig für den Erfolg ist, dass wir die Wünsche unserer Kunden erfüllen." Dazu gehören Crashkurse oder Intensivtraining. Außerdem setzt Arndt auf Werbung: Zuletzt hat er einen Werbefilm für die Kinoleinwand in Auftrag gegeben.

„Meine Spezialität ist, die Schüler direkt auf die Schulaufgaben vorzubereiten", sagt der 57-Jährige. Passend dazu bringen er und seine Frau im Eigenverlag Bücher heraus, in denen sie modifizierte Schulaufgaben und deren ausführliche Lösungen besprechen. „Zu jeder Schulaufgabe gebe ich eine persönliche Einschätzung und kennzeichne Aufgaben, die sich als G8-Standard herauskristallisiert haben."

Erst vor kurzem hat sich eine Mutter in einem Brief bedankt: „Meine Tochter kapiert Mathe am besten, wenn Sie es ihr vor den Schulaufgaben erklären."

Bericht von Vanessa Assmann in der Münchner Abendzeitung vom 15.3.2011